어린이집 안전사고 119

선생님이 꼭
알아야 할

어린이집
안전사고
119

김옥심 지음

　세상 모든 부모는 자녀가 좀 더 안전한 환경에서 행복하게 살기를 바랄 것입니다. 현대사회는 과거에 비해 질병으로 인한 사고율은 낮아졌으나 지구환경 변화로 인한 재해가 늘어나고, 교통사고를 비롯한 각종 사고로 인한 사망에서부터 부모의 생활고로 동반 자살하는 사망에 이르기까지 새로운 양상의 사건사고가 빈발하고 있습니다.

　영유아 안전은 고도의 전문성과 아동의 권리에 대한 교사의 인식과 가치관이 무엇보다 중요하다는 공감대 속에서도 급변하는 사회를 따라가기 버거운 현실을 안타까워하며, 왜 모든 변화의 중심이 유독 어린이집이어야 하는가에 대한 원망도 없지 않았습니다. 때로는 직업적 회의감마저 들기도 했습니다.

　특히 2015년 인천의 한 어린이집 식사지도 상황에서 발생한 아동학대 사건은 우리 사회 전반에 큰 변화를 가져다주었고, 보육현장에 미친 파장은 실로 감당하기 어려울 정도였습니다. "믿고 맡길 만한 어린이집이 없다"는 부모님들의 요구는 전국의 모든 어린이집에

CCTV가 설치되는 결과를 낳았고, 하루 24시간을 녹화해 60일간 저장하도록 법적으로 의무화되었습니다.

때때로 "나물 먹기 싫다"고 극렬하게 저항하는 아이를 상대로 "음식은 골고루 섭취해야 한다"는 선생님의 식습관 지도 노력이 갈등상황에 놓이기도 하는데, 의도보다는 모니터 화면을 더 신뢰하는 상황이 되지는 않을까 하는 염려와 안타까움도 있었습니다.

우리 주변에는 정말 예기치 못한 사고와 위험이 늘 도사리고 있습니다. 특별히 영유아 시기는 자신에게 닥쳐올 위험에 대한 예견이 어렵고, 그에 대한 대처능력이 성인에 비해 현저히 떨어진다는 데서 사회가 먼저 안전한 환경을 마련하고 발달특성에 맞게 교육하며 실천하려는 노력이 필요하다는 점은 아무리 강조해도 지나치지 않을 것입니다.

이 책에서는 가장 최근의 통계를 바탕으로 어린이집 현장에서 발생하는 안전사고를 유형별로 정리해보았습니다. 영유아기에 발생하는 안전사고는 발달특성과 무관하지 않음에도 불구하고 그 책임과 관련하여 자유로울 수 없는 현실과 심지어 법적다툼 상황에까지 이르는 것을 보면서, 저 역시 오랫동안 보육현장을 지켜온 보육인의 한 사람으로서 안전사고에 대처할 수 있도록 법률적 기초상식을 제대로 알고 싶고, 알리고 싶었습니다.

지금까지의 안전이 단순 위험한 상황과 사고에 대한 대비개념이었다면, 앞으로의 안전은 영유아의 인권적인 측면까지를 들여다보는 것이어야 한다는 데서 영유아의 건강한 발달과 인권의 보호를 위한 교사 역할의 중요성이 한층 강조되어야 한다는 것이 개정판을 내는 또 하나의 이유이기도 합니다.

마지막으로 덧붙이고 싶은 이야기가 있습니다. 지금까지 각 분야 많은 분들의 노력으로 어린이 사망사고는 실제 감소 추세에 있습니다. 그리고 단 한 명의 생명도 소홀히 다루어져서는 안 된다는 생각입니다. 사망 관련하여 유가족들이 겪을 고통은 정말 이루 헤아릴 수 없을 것입니다. 이 유가족의 범위에 아이를 돌보는 보육교사 역시 예외일 수 없습니다. 선진국에 비해 다소 늦은 감은 있지만 자식을 잃고 고통 속에서 일상을 유지하기조차 어려운 유가족에 대한 '사별가족지원 서비스'가 이제라도 체계적으로 마련되어야겠습니다.

저의 노력이 보육인에게 용기가 되고, 보육현장에서 안전사고율을 낮추는 데 미력이나마 기여하기를 바라는 간절한 마음을 담아 봅니다.

2017년 김옥심

contents

PART 3

안전사고, 철저하게 예방하고 현명하게 대처하자

이 파트에서는 영유아 교육기관 사고에 대한 정의를 이해하고,
영유아 교육기관에서 발생하는 사고의 원인을 알아봄으로써 사전에
사고 발생을 막을 수 있도록 한다.

PART 1

안전사고,
왜! 어떻게!
일어나는가?

영유아 사고의 의미

영유아의 정의

'영유아'는 누구를 지칭하는 것인가? 잘 알 것 같지만 막상 질문을 받고 보면 새삼스럽다. 더욱이 법적인 정의라면 결코 간단치는 않다.

UN아동권리협약에 따르면 '18세 미만의 모든 자'는 '아동'으로 정의하고 있다. '어린이'에 대해서도 '아동'이라 풀이되는 경우도 있어 이 양자는 혼용되어 쓰이는 것처럼 보인다. 그러나 엄밀하게 구분한다면 18세 미만을 '아동'이라 말하며, 0세에서 만 2세를 '영아', 3~6세 미만까지를 '유아'라고 말한다. 그리고 6세 미만의 취학 전 아동을 일컬어 '영유아'라 한다(영유아보육법 제2조1항). 6~13세까지는 '어린이', 14~18세까지는 '청소년', 만 19세부터는 '성인'으로 구분한다.

도표1 연령별 법적 호칭

연령	호칭		
0 ~ 만 2 세	영아	6 세 미만 : 영유아	18 세 미만 : 아동
3 ~ 6 세 미만	유아		
6 ~ 13 세까지	어린이		
14 ~ 18 세까지	청소년		
만 19 세부터	성인		

[도표1]에서 보는 것처럼 법률 목적에 따라 다양하게 호명되고 있다. 하지만 영유아 사고에서 책임을 전제로 본 '영유아'는 신체적·정신적으로 미숙하기 때문에 그 출생 전후부터 적당한 법률상의 보호를 포함해 특별하게 지키고 돌보아야 할 필요가 있다. 즉 이와 같은 특별한 보호가 필요한 존재로 인식하는 것이 가장 적절하다고 생각한다.

영유아 사고의 정의

영유아는 신체적·정신적으로 미숙하기에 사고가 따르기 마련이다. 그렇다면 여기서 '사고'란 무엇인가 하는 문제가 중요시된다.

'의료사고'는 의료에 관련한 장소에서 의료의 전 과정에서 발생하는 인신사고를 말하며, '의료과오'는 의료사고 중 그 발생 원인에 의료기관·의료종사자의 과실(의료행위상의 주의의무 위반)이 있는 것으로 정의되어 있다.

'학교사고'는 학교 관리하의 모든 사고를 말하며, 여기엔 학생 등에게 손해가 발생하지 않는 것도 포함한 의미다. 이때 학생 등의 재해(부상, 질병, 장해 또는 사망)에 대해 재해공제급부가 이루어진다는 점에서 학교 관리하에 학생 등에게 손해가 발생했을 때는 '학교재해'로 간주한다. 때로는 일반적으로 인위적인 사상을 '사고', 자연적인 사상을 '재해'라 부르는 경우가 많기 때문에 일상적인 용어에 기초해 사용되는 경우도 있다.

책임을 전제로 본 '영유아의 사고'는 영유아가 있는 장소에서 발생하는 모든 사고, 그리고 인위적인 사상이나 자연적인 사상을 모두 포함해, 보육자의 과실 여부를 떠나 넓은 의미로 영유아에게 발생하는 사고로 이해해야 한다.

영유아 교육기관 사고의 정의

영유아가 머무는 장소의 중심은 가정이다. 가정 다음으로 영유아가 많이 생활하는 곳은 아마도 어린이집·유치원일 것이다. 일반적으로 영유아 사고는 가정에서 가장 많이 발생하지만, 가정에서 발생한 영유아 사고의 책임문제는 발생하기 어렵다. 이에 비해 영유아 교육기관에서의 영유아 사고는 '영유아 교육기관 안전사고'로 지금까지 영유아 사고의 중심으로 다루어져왔다.

그러나 가정과 영유아 교육기관 이외의 장소에서 벌어진 영유아 사고에 대해서는 법적으로 충분한 검토나 검증이 이루어지지 못한 것으로 보인다.

유치원은 법적으로 '학교'지만, 취학 전의 유아라는 점과 그 성숙도 면에서 초등학교 이상의 학교사고와는 다른 측면이 있다. 즉 교육의 장으로서 역할보다는 보육의 장으로서 역할이 더 큰 어린이집과 유치원을 중심으로 하는 영유아의 사고는 '프리 스쿨 사고'로 이해할 필요가 있다고 생각한다.

또한 초등학생 이상의 어린이라 하더라도 학교라는 관리하에서의 사고와 방과 후 또는 학교가 쉬는 동안에 학교 이외의 장소에서 생긴 사고는 그 관리를 둘러싸고 책임소재가 명확하지 않은 것 등 일반적인 학교사고와 '애프터 스쿨 사고'로 이해될 필요가 있다고 생각된다.

그런 의미에서 이 책에서는 영유아가 머무는 장소 중 가정 이외 영유아 교육기관에서 생긴 사고, 즉 보육·교육 서비스 제공과정에서 생긴 사고를 다루고자 한다.

안전사고,
왜 일어나는가?

통계에 의하면 최근 5년간(2011~2015년) 어린이집에서 영유아 43명이 사망하고 74,360명이 부상을 당했다. 해마다 십여 명이 넘는 아이들이 아직 피어나지도 못한 채 소중한 생명을 잃었고, 상처를 입은 영유아도 한 해 평균 15,694명으로 그 수치가 매해 증가 추세에 있다.

아이들은 신체적, 정서적으로 왕성한 성장 발달 과정에 있으므로 안전사고도 언제든 일어날 수 있다. 사고 발생 원인의 대부분은 영유아의 부주의(74.2%)에 의해 발생한다. 하지만 만 6세 미만 영유아의 부주의란 엄밀히 말하면 관리와 책임을 맡은 교사의 부주의라 해도 과언이 아니라는 점에 유의해야 할 것이다.

도표2 어린이집 사고 발생 현황 (2011년 ~ 2015년)

구분	2011 년	2012 년	2013 년	2014 년	2015 년
사망	3	8	10	11	11
부상	7,564	12,844	16,253	18,227	19,472
계	7,567	12,852	16,263	18,238	19,483

* 출처 : 어린이집안전공제회 공제급여청구 현황(영유아) 기준(2016)   (단위 : 명)

도표3 어린이집 사고(부상, 사망) 건수

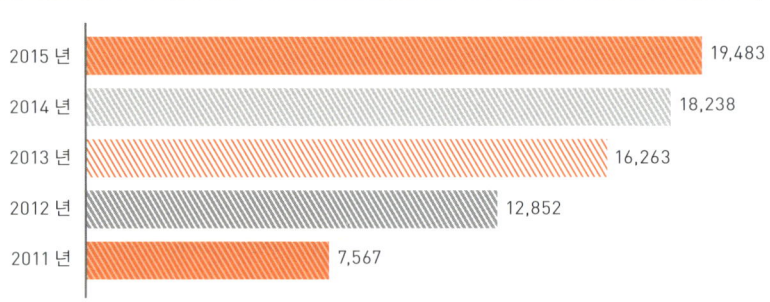

사고 발생의 원인을 살펴보면 아동의 발달 특성과도 밀접한 관련이 있음을 알 수 있다. 사고가 주로 발생하는 시간대가 아이들의 활동량이 가장 많은 자유놀이 시간(주로 오전 9:00~11:29)이라는 점, 주로 다치는 부위가 아이의 성장 발달 부위와 관련이 있다는 점, 사고 발생 장소가 실외보다 실내가 높은 비율을 보인다는 점(23쪽 [도표6] 참조)이 그 예다. 이는 실내보다 실외가 더 안전해서가 아니라 아이들이 일과 대부분을 실내에서 보내기 때문이다.

도표4 어린이집 안전사고 발생 원인

구 분	2011 년	2012 년	2013 년	2014 년	2015 년
영유아	6,153 (81.3)	9,624 (74.9)	11,728 (72.1)	13,713 (75.2)	13,142 (67.5)
영유아 간 활동 및 다툼	780 (10.3)	1,558 (12.1)	1,909 (11.7)	2,165 (11.9)	4,094 (21.0)
보육교직원	346 (4.6)	669 (5.2)	791 (4.9)	787 (4.3)	583 (3.0)
시설 설비	30 (0.4)	123 (1.0)	177 (1.1)	143 (0.8)	613 (3.1)
기타	258 (3.4)	878 (6.8)	1,658 (10.2)	1,430 (7.8)	1,051 (5.4)
계	7,567 (100.0)	12,852 (100.0)	16,263 (100.0)	18,238 (100.0)	19,483 (100.0)

(단위 : 건수 , %)

*출처 : 어린이집안전공제회 통계(2016)

*기타 : 교통사고, 원인불명 등

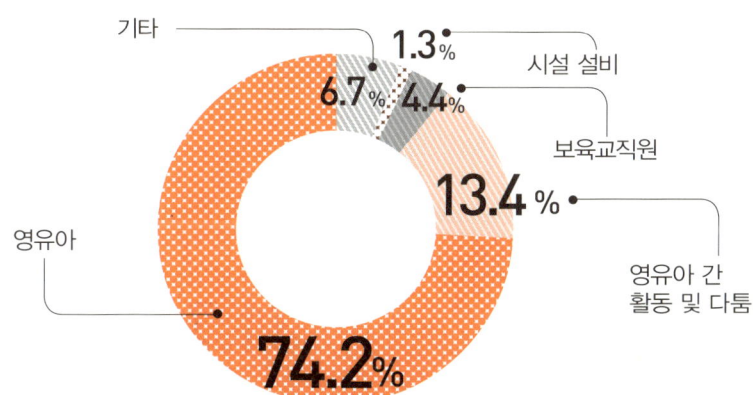

21쪽 [도표4]에서 알 수 있듯이 영유아 교육기관에서 일어나는 사고 중에는 영유아 부주의로 인한 사고가 가장 높은 비율을 차지한다. 그 다음으로 영유아 간의 다툼, 기타, 교직원 부주의, 시설물 원인 순으로 나타났다.

그런데 영유아 부주의, 교직원 부주의로 인한 사고 대부분은 보육 예산과 인력이 뒷받침되었다면 충분히 예방할 수 있었던 사고였다는 점에서 더욱 안타까움을 자아낸다. 더구나 이 양상이 매해 거의 비슷하게 반복되고 있다는 점에서 영유아 부주의를 예방할 수 있는 다양한 접근법의 안전교육과 정책이 요구된다.

도표5 시간별 사고 현황

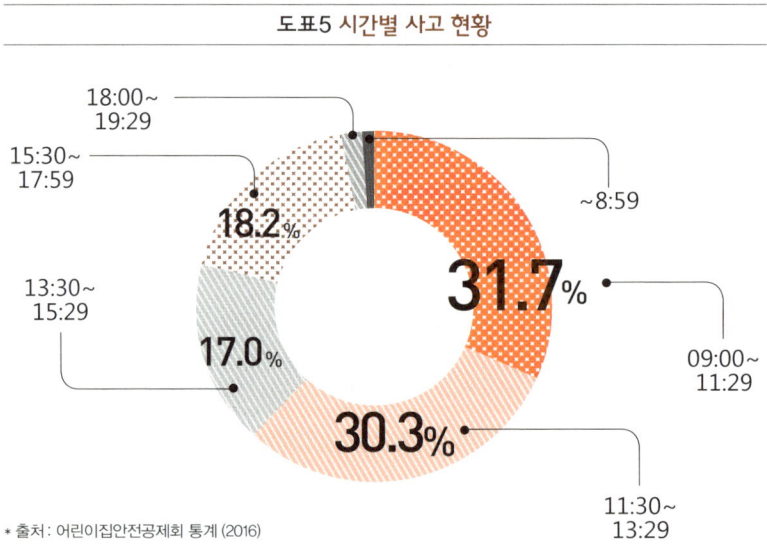

18:00~
19:29

15:30~
17:59

18.2%

13:30~
15:29

17.0%

30.3%

~8:59

31.7%

09:00~
11:29

11:30~
13:29

* 출처: 어린이집안전공제회 통계 (2016)

도표6 사고 발생 장소별 영유아 사고 현황

어린이집 실내 (75.8%)		어린이집 외 (24.2%)	
장소	건 (%)	장소	건 (%)
보육실	10,665(72.3)	놀이터 및 마당	2,788(59.0)
유희실(강당)	2,231(15.1)	견학장소·공원	1,184(25.1)
복도 및 계단	841(5.7)	길 (등하원 및 이동 중)	345(7.3)
화장실	555(3.8)	실내놀이터	262(5.5)
현관	294(2.0)	기타	145(3.1)
식당 및 조리실	103(0.7)		
기타	70(0.5)		
계	14,759(100)	계	4,724(100)

* 출처 : 어린이집안전공제회 통계 (2015)

도표7 영유아 사고 발생 비율

연령	빈도 (건)	백분율 (%)
영아(0~만 2세)	7,380	37.9
유아(만 3~5세)	10,620	54.5
만 6세 이상	1,483	7.6
계	19,483	100.0

* 출처 : 어린이집안전공제회 통계 (2015)

도표8 성별 사고 발생 비율

성별	빈도 (건)	백분율 (%)
남아	12,071	62.0
여아	7,412	38.0
계	19,483	100.0

* 출처 : 어린이집안전공제회 통계 (2015)

도표9 성별·연령별 사고 발생 비율

연령		남아	여아	계
영아(만0~2세)	0세	76(0.6)	48(0.6)	124(0.6)
	1세	1,371(11.4)	889(12.0)	2260(11.6)
	2세	3,025(25.1)	1,971(26.6)	4,996(25.6)
	소계	4,472(37.0)	2,908(39.2)	7,380(37.9)
영아(만3~5세)	3세	2,925(24.2)	1,739(23.5)	4664(23.9)
	4세	2,277(18.9)	1,248(16.8)	3525(18.1)
	5세	1,488(12.3)	943(12.7)	2431(12.5)
	소계	6,690(55.4)	3,930(53.0)	10,620(54.5)
만6세 이상		909(7.5)	574(7.7)	1,483(7.6)
계		12,071(62.0)	7,412(38.0)	19,483(100.0)

* 출처 : 어린이집안전공제회 통계 (2015)

사고 연령별로 살펴보면 유아(54.5%)가 영아(37.9%)보다 사고 발생률이 1.4배 높다. 2015년 보건복지부 보육통계에 따르면 어린이집 이용 영유아 중 영아가 59.5퍼센트(864,596명), 유아는 40.0퍼센트(580,821명)의 비율을 나타낸다. 이를 고려할 때 유아의 사고율이 높은 편임을 알 수 있다. 특히 만 2~3세가 전체 어린이집 사고의 49.5 퍼센트를 차지하며, 가장 사고가 많이 발생하는 연령대로 나타났다. 성별로는 남아(62.0%)가 여아(38.0%)보다 사고 발생 비율이 높게 나타났다.

안전사고가 났을 때
가장 많이 다치는 곳은?

어린이집 내 사고에서 영유아가 가장 많이 다치는 부위는 얼굴이고, 그 다음으로 팔, 머리 순이다. 영유아는 머리가 다른 부위에 비해 상대적으로 무겁고 무게중심이 상반신 쪽에 있기 때문으로 보인다.

28쪽 [도표12]를 보면 연령별로 가장 많은 사고 유형은 '넘어짐'으로, 만 1세가 712건(31.5%), 만 2세 1660건(33.2%), 만 3세 1563건(33.5%), 만 4세 1129건(32.0%), 만 5세 731건(30.1%), 만 6세 이상 436건(29.4%)이었다. 넘어짐으로 인한 결과 중에는 가벼운 타박상도 있지만, 경우에 따라서는 사망에 이르는 중대한 사고인 경우도 있었다. 최근 어린이집안전공제회에 보고되고 각종 언론에도 보도된 바 있는 안전사고의 사례들을 구체적으로 나열해보면 다음과 같다.

도표10 사고 시 다치는 부위

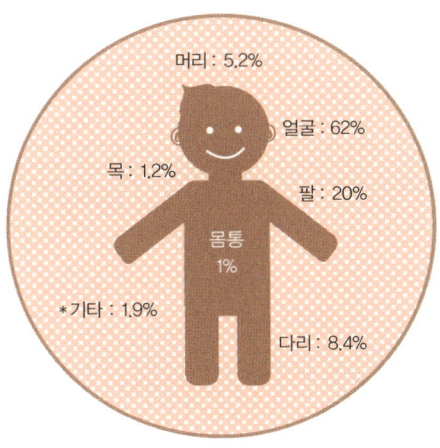

머리 : 5.2%

얼굴 : 62%

목 : 1.2%

팔 : 20%

몸통
1%

*기타 : 1.9%

다리 : 8.4%

도표11 어린이집 내 영유아 사고 상해 부위

구 분	2011년	2012년	2013년	2014년	2015년
얼굴	4,625 (61.1)	8,416 (62.4)	10,808 (63.0)	12,072 (62.1)	13,040 (62.6)
팔	1,579 (20.9)	2,761 (20.5)	3,435 (20.0)	3,846 (19.8)	4,108 (19.7)
다리	608 (8.0)	1,124 (8.3)	1,505 (8.8)	1,650 (8.5)	1,784 (8.6)
머리	454 (6.0)	696 (5.2)	856 (5.0)	947 (4.9)	983 (4.7)
목	97 (1.3)	161 (1.2)	187 (1.1)	213 (1.1)	239 (1.1)
몸통	60 (0.8)	121 (0.9)	171 (1.0)	194 (1.0)	234 (1.1)
기타	144 (1.9)	207 (1.5)	204 (1.2)	503 (2.6)	438 (2.1)
계	7,567 (100.0)	13,486 (100.0)	17,166 (100.0)	19,425 (100.0)	20,826 (100.0)

* 출처 : 어린이집안전공제회 통계 (2016)　　　　　　　　　　　　　　　　　(단위 : 건수 , %)

도표12 연령·병력별 사고유형

구 분	0세	만 1 세	만 2 세	만 3 세	만 4 세	만 5 세	만 6 세 이상	전체
넘어짐	20 (16.1)	712 (31.5)	1,660 (33.2)	1,563 (33.5)	1,129 (32.0)	731 (30.1)	436 (29.4)	6,251 (32.1)
물체에 부딪힘	29 (23.4)	588 (26.0)	1,168 (23.4)	1,162 (24.9)	864 (24.5)	599 (24.6)	370 (24.9)	4,780 (24.5)
사람과 부딪힘	0 (0.0)	42 (1.9)	231 (4.6)	342 (7.3)	350 (9.9)	310 (12.8)	186 (12.5)	1,461 (7.5)
꼬집음, 할큄	12 (9.7)	178 (7.9)	398 (8.0)	261 (5.6)	151 (4.3)	66 (2.7)	33 (2.2)	1,099 (5.6)
긁힘	4 (3.2)	66 (2.9)	195 (3.9)	165 (3.5)	140 (4.0)	103 (4.2)	57 (3.8)	730 (3.7)
당김	0 (0.0)	78 (3.5)	233 (4.7)	188 (4.0)	103 (2.9)	46 (1.9)	17 (1.1)	665 (3.4)
끼임	5 (4.0)	78 (3.5)	144 (2.9)	111 (2.4)	83 (2.4)	55 (2.3)	30 (2.0)	506 (2.6)
떨어짐	4 (3.2)	62 (2.7)	112 (2.2)	94 (2.0)	80 (2.3)	86 (3.5)	34 (2.3)	472 (2.4)
찔림	0 (0.0)	24 (1.1)	64 (1.3)	110 (2.4)	116 (3.3)	87 (3.6)	63 (4.2)	464 (2.4)
미끄러짐	1 (0.8)	51 (2.3)	109 (2.2)	101 (2.2)	75 (2.1)	51 (2.1)	42 (2.8)	430 (2.2)
화상	19 (15.3)	94 (4.2)	108 (2.2)	89 (1.9)	52 (1.5)	34 (1.4)	31 (2.1)	427 (2.2)
물림–사람	6 (4.8)	139 (6.2)	175 (3.5)	63 (1.4)	21 (0.6)	4 (0.2)	4 (0.3)	412 (2.1)
눌림(압박)	5 (4.0)	31 (1.4)	92 (1.8)	82 (1.8)	96 (2.7)	62 (2.6)	39 (2.6)	407 (2.1)
이물질 삼킴 (삽입) 및 흡입	5 (4.0)	9 (0.4)	51 (1.0)	103 (2.2)	75 (2.1)	65 (2.7)	30 (2.0)	338 (1.7)
물림–벌레,동물	0 (0.0)	10 (0.4)	42 (0.8)	44 (0.9)	60 (1.7)	30 (1.2)	29 (2.0)	215 (1.1)
베임	4 (3.2)	16 (0.7)	45 (0.9)	41 (0.9)	39 (1.1)	25 (1.0)	23 (1.6)	193 (1.0)
음식물 섭취	1 (0.8)	8 (0.4)	18 (0.4)	34 (0.7)	26 (0.7)	27 (1.1)	23 (1.6)	137 (0.7)
기타	9 (7.3)	74 (3.3)	151 (3.0)	111 (2.4)	65 (1.8)	50 (2.1)	36 (2.4)	496 (2.5)
계	124 (0.6)	2,260 (11.6)	4,996 (25.6)	4,664 (23.9)	3,525 (18.1)	2,431 (12.5)	1,483 (7.6)	19,483 (100.0)

* 출처 : 어린이집안전공제회 통계 (2016)

(단위 : 건수 , %)

도표13 연령·연도별 사고 현황

구 분	2011년	2012년	2013년	2014년	2015년
0세	81 (1.1)	148 (1.2)	138 (0.8)	104 (0.6)	124 (0.6)
1세	978 (12.9)	1,648 (12.8)	2,073 (12.7)	2,253 (12.4)	2,260 (11.6)
2세	1,705 (22.5)	2,978 (23.2)	3,977 (24.5)	4,411 (24.2)	4,996 (25.6)
3세	1,839 (24.3)	2,853 (22.2)	3,756 (23.1)	4,426 (24.3)	4,664 (23.9)
4세	1,349 (17.8)	2,357 (18.3)	2,812 (17.3)	3,067 (16.8)	3,525 (18.1)
5세	992 (13.1)	1,824 (14.2)	2,233 (13.7)	2,487 (13.6)	2,431 (12.5)
만 6세 이상	623 (8.2)	1,044 (8.1)	1,274 (7.8)	1,490 (8.2)	1,483 (7.6)
계	7,567 (100.0)	12,852 (100.0)	16,263 (100.0)	18,238 (100.0)	19,483 (100.0)

* 출처 : 어린이집안전공제회 통계 (2016)   (단위 : 건수, %)

1) 넘어짐

• 만 4세 유아가 실외놀이(산책) 시간에 옥외 놀이터에서 친구와 달리기를 하던 중 앞 친구와 충돌하여 넘어져 치아에 금이 감.

• 만 3세 유아가 전이활동과정에서 계단을 내려오다 넘어져 볼 안쪽이 찢어짐.

2) 부딪힘

• 만 3세 유아가 보육실에서 자유선택놀이 중 뛰어가다가 교구장에 부딪쳐 눈꺼풀이 찢어짐.

• 만 2세 영아가 옥외 놀이터에서 실외놀이 중 자신의 발에 걸려 중심을 잃고 넘어지면서 미끄럼틀에 부딪쳐 이마가 찢어짐.

3) 꼬집음, 긁힘

- 만 4세 유아가 대·소집단 활동 중 교구를 가지고 서로 놀이하기 위해 다투는 과정에서 한 유아가 다른 유아를 교구로 때려 코에 1센티미터가량 긁힌 상처가 남.
- 대·소집단 활동 중 만 3세 유아가 상대방 유아에게 볼을 꼬집혀 찰과상을 입음.

4) 끼임, 베임

- 만 5세 유아가 보육실 문에 끼어 네 번째 발가락과 다섯 번째 발가락 사이가 찢어짐.
- 만 5세 유아가 보육실에서 자유선택놀이 중 가위 끝에 오른쪽 눈 밑을 베인 상처로 인해 출혈이 발생함.

5) 떨어짐

- 만 2세 영아가 자유선택활동 중 실내 미끄럼틀을 타고 내려오다가 손을 놓쳐 중심을 잃고 옆으로 떨어져 입술이 찢어짐.
- 만 6세 아동이 견학 중 놀이설비(구름사다리)에서 떨어져 머리를 부딪침.

6) 화상

- 점심시간 책상에 올려놓은 식판이 떨어져 만 4세 유아가 오른쪽 다리와 배 부위에 화상을 입음.

- 31개월 된 유아가 어린이집에서 수업을 받던 중 코팅기에 의해 손가락 3개에 3도 화상을 입어 절단수술을 받음.

- 만 5세 유아가 견학 후 어린이집으로 복귀하던 길에 오토바이 머플러에 데어 종아리 부위에 화상을 입음.

7) 이물질 삼킴(삽입) 및 흡입

- 어린이집에서 평소 아이들이 먹고 남은 음식을 수거하여 이를 모아 아침 죽을 만들어 먹임.

- 14개월 남짓한 영아가 간식으로 제공된 사과 조각에 기도가 막혀 저산소성 허혈성 뇌증 등의 상해를 입어 식물인간이 됨.

- 교사 3명과 원아 30명에게서 고열, 구토, 복통, 설사 등 집단 식중독 증세가 나타나 검사한 결과 살모넬라균이 검출됨.

- 만 2세 영아가 자유선택놀이 중 놀이하던 교구(작은 구슬)가 코로 들어감.

- 만 3세 유아가 점심시간에 음식물을 먹다 기침을 하며 목에 통증을 호소함.

8) 사망

영아사망

- 어린이집에서 보육교사가 4개월 된 영아에게 모유를 먹인 후 눕혀 재우던 중 모유가 식도를 통해 역류하여 기도폐색으로 사망함.

- 10개월 남아가 보육실에서 잠들었으나 호흡이 이상하여 인공호흡 등의 처치를 취하며 119에 신고, 인근 병원으로 이송하였으나 사망함.

  ※사고 아동은 평소 허약체질로 병원에 자주 내원한 병력이 있음.

- 5개월 여아가 보육실에서 잠들었으나 몸이 축 늘어지고 의식이 없는 것을 발견, 인공호흡을 하고 119에 신고해 병원으로 이송하 였으나 도착 전에 사망함.

  ※사고 아동은 사고 당일 감기 기운으로 기침 증세가 있었으나 병원치료를 받은 적은 없었음.

- 5개월 남아가 아이 엄마가 방문하여 옷을 입히는 과정에서 호흡 상태가 이상하여 인공호흡을 하고 119에 신고해 병원으로 이송하 였으나 사망함.

  ※사고 아동은 당일 감기 증세가 있고 울고 보채는 상태였음.

- 18개월 영아가 누워 있던 중 호흡곤란을 일으켜 인근 병원으로 옮 겨 심폐소생술을 받았으나 상태가 호전되지 않은 채 사망함.

- 만 5세 유아가 통학차량에서 잠들었다가 질식사한 채 발견됨.
- 현장학습 후 연못가에서 기념촬영을 하다 만 3세 유아가 연못에 빠진 사실을 발견하였으나 이미 사망함.
- 원아들이 수영장에서 활동하던 중 열려 있던 배수로의 물살에 휩쓸려 익사함.
- 어린이집 통학차량이 만 6세 남아를 횡단보도가 없는 집 건너편에 하차시켜 주어 아이가 도로를 무단횡단하다가 화물차량에 치여 사망함.
- 어린이집에 등원한 만 5세 유아가 통학차량에 방치되어 하원 시간이 되어서야 질식사한 채 발견됨.

영유아 교육기관 안전사고로 인해 손해가 발생할 경우
책임추궁과 함께 그 손해의 보상을 둘러싸고
보호자와 영유아 교육기관 간에 분쟁이 일어날 수 있다.
이 파트에서는 이러한 경우 영유아 교육기관 측과
보육교사에게 어떠한 책임이 추궁되는지와 함께 손해액 산정기준 등을
살펴보고자 한다.

PART 2

사례로
알아보는
안전사고
법률 기초상식

영유아 교육기관 안전사고에 대한 책임

교실에서의 사고는 누구의 책임인가?

미국의 한국계 이민 가정에서 부모가 일을 나간 사이 아이가 TV를 안고 넘어져 사망한 사건이 있었다. 그런데 엉뚱하게 아이의 어머니가 아동 살해 의혹을 받고 수감되는 황당한 상황이 벌어졌다. 한국인인 어머니가 "이 아이는 내가 죽였다" 하고 목 놓아 통곡했던 일이 근거가 된 것이다. 당시 변호인이 자식에 대한 죄책감 때문에 사고를 자기 탓으로 돌리는 한국적 정서의 특징을 법정에 호소하고 나서야 이 어머니는 살해 혐의를 벗을 수 있었다. 머나먼 외국 땅에서 벌어진 비극이지만, 이처럼 한국의 부모들은 자녀에게 일어난 일을 무조건 자신의 책임으로 여기는 사고방식을 가지고 있다.

　보육환경은 아이 스스로 선택하는 것이 아니라 주어지는 것이기에 아이에게 벌어진 일이 어른의 책임이라는 사고방식은 예나 지금이나 마찬가지다. 오늘날에는 바쁜 부모를 대신해 어린이집과 같은 영유아 교육기관에서 아이의 보육과 교육을 전적으로 맡는 경우가 많다. 하루의 대부분을 어린이집에서 보내는 아이에게 일어난 일은 그 아이를 돌보는 보육교사의 책임이기도 하다. 여기서 말하는 책임은 단지 죄책감에서 비롯되는 도의적 책임을 넘어 물질적 손해배상을 포함하는 개념을 말한다.

영유아를 책임지는 시간은?

아이들은 생명, 건강 및 재산에 대해서만 보호받는 것이 아니라 인격권 침해에 대해서도 보호받는다. 따라서 어린이집 측은 아동과 보호자의 개인 정보에 대해서도 신중하게 처리해야 하며 모든 아이가 장차 이 나라의 희망이라는 점에서 돌봄과 지원을 아끼지 말아야 한다. 영유아 교육기관은 이러한 임무를 수행함에 있어 전문성을 가지고 책임을 다해야 한다. 국가와 지방자치단체는 물론 사립(민간) 시설의 설립자는 아동들이 부모의 소득이나 재산 정도와 관계없이 누구나 안전하게 시설을 이용할 수 있도록 최선을 다할 의무가 있다.

영유아 교육기관에서 일어난 사고에 대한 책임 범위란 아동이 기관에 맡겨지는 시각부터 부모에게 최종 인계되기 전까지의 모든 과정에 있다.

안전사고 처리의 특수성

영유아 교육기관에서의 안전사고는 '보육'과 '교육'이라는 특수한 목적을 가진 장소에서 일어난 사고라는 점, 대상 아동이 만 6세 미만의 사리변별력이 없는 영유아라는 점, 보육교사가 하루 중 대부분의 시간을 부모를 대신하여 보육과 교육을 전적으로 맡고 있다는 점, 그래서 피해자 구제에 있어서도 보육과 교육, 두 가지 차원의 배려가 수반되어야 한다는 점에서 일반 성인들이 겪는 사고 혹은 학교에서의 사고와 조금 다르다.

요즘 영유아 교육기관에서 안전사고가 발생했을 때 그 다툼의 상황이 법정까지 가는 사례가 점차 늘고 있다. 합의가 원만히 이루어지는 경우도 많지만, 책임 소재를 가리기 위한 시비가 대법원까지 이어지는 경우도 적지 않다. 이에 보육교직원은 사고가 발생하지 않도록 노력하는 것이 가장 중요하겠지만, 사고가 발생했을 때 어떻게 대처해야 하는지, 그리고 손해의 분배를 둘러싸고 보호자와 영유아 교육기관 사이에서 어떠한 법적 분쟁이 일어날 수 있는지도 알고 있어야 할 것이다.

영유아 교육기관 보육교직원의 책임에 대한 법적 근거

선생님의 '채무불이행책임'이 가장 많다!

영유아 교육기관에 자녀를 맡긴 부모는 영유아 교육기관의 보육교직원을 믿고 운영방침을 따를 것을 약속하며 그 대가를 지급하는 일종의 계약관계를 체결한 것이다. 그래서 대개 영유아 교육기관에서 안전사고가 발생했을 때 보육교직원은 계약관계를 전제로 한 '채무불이행책임'을 져야 한다. 즉 아이를 안전하게 보호해줄 것을 믿고 맡겼는데 그에 대해 불이행했기 때문에 책임을 진다는 뜻이다.

손해배상책임의 법적 근거는 예전에는 불법행위책임 제도(민법 제753조)가 중심이었으나 최근에는 채무불이행책임 제도(민법 제756조)가 중심이 되고 있다. 이는 가해자의 행위를 누가 입증하느냐에 따른 것이다.

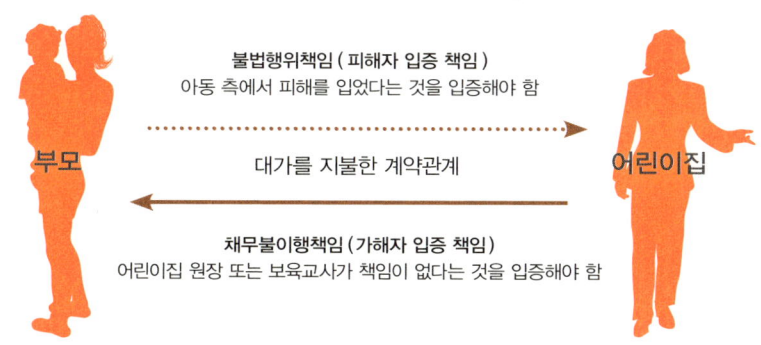

어린이집 안전사고의 채무불이행책임 vs 불법행위책임

불법행위책임 (피해자 입증 책임)
아동 측에서 피해를 입었다는 것을 입증해야 함

부모

대가를 지불한 계약관계

어린이집

채무불이행책임 (가해자 입증 책임)
어린이집 원장 또는 보육교사가 책임이 없다는 것을 입증해야 함

'불법행위책임'은 '피해자 입증 책임'이다. 즉 피해자인 아동 측이 입증하는 것이다. '피해자 입증 책임'의 경우 보육교직원과 보육아동 이라는 관계의 특수성 때문에 피해자 구제 측면에서 한계와 논란의 여지가 많았다. 반면 '채무불이행책임'은 가해자인 영유아 교육기관 원장과 보육교사 측이 입증하는 '가해자 입증 책임'이다.

피해자 측면에서 보면 피해자가 영유아 교육기관 측의 불법행위 를 입증해야 하는 '피해자 입증 책임'보다 영유아 교육기관 원장 또 는 보육교사가 자신의 행위를 입증하는 '가해자 입증 책임'이 더 유 리하기 때문에 '채무불이행책임'이 피해자 구제에 장점이 있다.

단, 채무불이행을 원인으로 하는 손해배상은 당사자 간의 계약 내용을 해석해서 손해배상의 범위를 정하기 때문에 손해액을 산정하는 데 어려움이 따르는 경우도 많다.

명백한 '불법행위', 과실이 없어도 책임지는 '무과실책임주의'

물론 영유아 교육기관 안전사고 중 '불법행위책임'을 묻는 사건도 적지 않다. 다음의 사건처럼 명백한 '불법행위'라고 볼 수 있는 경우가 그 예다.

> 어린이집에서 원아 30명 및 보육교사들까지 집단으로 식중독 증세를 보였다. 고열, 구토, 복통, 설사 증세가 나타나 검사한 결과 살모넬라균이 검출되었다. 재판부는 어린이집 운영자로서 원아들에게 제공되는 음식물을 비롯하여 원아들이 생활하는 어린이집 환경을 위생적으로 철저히 관리하여 원아들이 건강하고 안전하게 생활할 수 있도록 하는 주의의무를 다하지 않았다는 점에서 원장의 '불법행위'에 대한 책임이 있다고 보고, 원아들이 입은 손해를 배상할 책임이 있다고 판결했다.

위 사건처럼 영유아 교육기관에서 음식물 관리를 잘못하여 단체

식중독을 일으킨 행위는 분명한 '불법행위'라고 볼 수 있다.

　일반적으로 보육교사의 '불법행위'로 인해 영유아 교육기관에서 사고가 발생했을 때 보육교사 개인에게 그 사고 책임을 묻는 일은 실제로 흔치 않다. 이때에는 대개 영유아 교육기관 원장이 손해배상을 해야 한다. 즉 영유아 교육기관 대표자에 대해 '채무불이행책임(이 경우 보육교사는 이행보조자이기 때문에 피해자와 직접적인 법률관계에 서지는 않는다)' 혹은 영유아 교육기관 설치자의 '불법행위책임' 혹은 '사용자책임'을 추궁하게 된다. 이때 국·공립의 경우 국가 또는 지방자치단체가 책임을 지고, 사립(민간)은 시설 책임자가 책임을 진다.

　하지만 다음과 같이 보육교사 개인에게 책임을 물은 특수한 사례도 있다.

　　생후 14개월 된 유아가 어린이집에서 간식으로 제공한 사과를 먹다 사과 조각에 기도가 막혀 질식함으로써 저산소성 허혈성 뇌증 등의 상해를 입어 식물인간의 상태에 이르렀다. 재판부는 담당 보육교사에 대해 불법행위자로서 배상책임이 있고, 원장도 보육교사의 사용자로서 배상책임이 있다고 판결했다.

　영유아 교육기관에서 영아는 고도의 주의의무를 기울여야 하지만, 그럼에도 불구하고 발달 특성상 사고가 불가피한 경우도 있다는 점에서 '무과실책임'에 가깝다. 과실이나 고의성이 없다 할지라도 책임을 진다는 것이다. 그래서 대부분의 영유아 교육기관 안전사고에서는 형사보다는 민사 책임이 주된 관심사이며, 피해자 구제를 위한 손해배상 문제가 중점 사항이다.

국가배상법은 이렇게 적용된다

일반적으로 행정 책임의 측면에서 보면 공무원이 직무를 집행하다 타인에게 손해를 입혔을 때 국가배상법 제2조에 의해 그 배상책임을 국가가 지는 것으로 되어 있다. 이때 국가배상책임이 성립하기 위해서는 공무원의 손해행위가 '고의' 또는 '과실'에 의한 위법한 행위여야 하고, 가해행위와 손해 사이에 인과관계가 있어야 한다. 이때 '고의' 또는 '과실'이란 어떤 결과가 발생하리라는 것을 알면서도 행위를 행하는 것을 말한다.

보육교사의 고의나 과실로 인한 사고인 경우, 국공립 시설에서는 국가배상법 제2조가 적용되어 국가나 지방자치단체가 대신 책임을 부담한다. 중대한 과실일 때는 국가가 우선 배상한 후 해당 교사에게 구상권을 청구할 수 있다. 사립(민간) 시설에서는 민법 제753조 및 제756조가 적용되는데, 보육교사 개인의 과실이 중과실일 경우 개인이 직접 손해배상을 하거나, 보육시설이 선 배상 후 해당 보육교사에게 구상권 청구를 할 수 있다. 국가배상법 제2조에 의한 국가배상책임의 성격에는 3가지가 있는데 이는 다음과 같다.

❶ 대위책임설

대위책임설이란, 국가배상책임을 공무원의 불법행위책임에 대신하여 지는 책임이라고 보는 견해다. 국가배상법상 '공무원의 과실'이 책임 요건으로 되어 있다는 데에 근거한다. 이 견해에 의하면 공무원의 책임을 '국가가 대신'하여 진다는 것으로 자력이 부족한 공무원을 대신하여 국가가 그 배상책임을 대신한다는 데서 피해자 구제에 한층 가깝다는 장점이 있다. 다만 국가배상법 제2조에는 '과실'을 요건으로 한다는 점에서 무과실의 경우는 배상책임이 부인될 수 있다.

❷ 자기책임설

자기책임설이란 공무원이 위법행위로 인하여 지게 되는 배상 책임은 국가 또는 지방자치단체 공무원의 책임을 국가가 대신하여 부담한다고 하는 소위 '대위책임'이 아니라, '국가 자신의 자기책임'이라고 하는 것이다. 여기서 말하는 국가가 지는 책임이란 행위자 개인의 책임과는 법리적으로는 구별된다. 즉 국가의 책임 성립 요건의 하나로 행위자인 공무원의 고의, 과실이라는 귀책사유를 구성 요건으로 삼을 필요는 없다. 이러한 견해는 공무원의 행위가 적법, 무과실인 경우에도 국가의 책임을 인정할 수 있게 되어 국가배상법이 장래의 발전 방향을 제시할 수 있다는 점에 의의가 있다.

❸ 절충설

절충설이란, 공무원의 불법행위가 경과실을 의미한 것으로 공무원의 업무상 과실로 인해 발생한 손해는 국가의 배상 책임이 자기책임이지만, 공무원의 불법행위가 고의 또는 중과실인 경우에 지는 책임은 대위책임이라고 보는 것이다. 이러한 경우 피해자는 국가 또는 공무원 개인 중 어느 한쪽을 선택해서 손해배상을 청구할 수 있다. 이것은 고의·중과실의 경우 그 손해는 공무원 개인이 마땅히 져야 하지만, 공무원에게 자력이 없는 경우가 있으므로 피해자 구제를 위해 국가가 이를 대신하여 피해를 배상해야 한다고 하는 주장이다. 오늘날 대부분의 판례는 절충설의 입장을 취하고 있다.

손해배상책임을 따질 때 고려할 점

형사상은 무죄, 민사상은 손해배상책임이 되는 경우

실제로 일어난 사건의 판례를 통해 손해배상책임을 따질 때 실제로 어떤 점들을 문제시하는지 살펴보자.

다음 사건은 서울의 한 어린이집에서 만 20개월이었던 영아가 점심을 먹던 중 '흰콩잔멸치볶음' 반찬에 들어 있던 콩을 손으로 집어 먹다가 콩이 목에 걸려 기도가 막히면서 일어난 안타까운 사고다.

아이는 응급실로 옮겨져 치료를 받았으나 산소 부족으로 인한 허혈성뇌병증 등의 상해를 입게 되어 결국 뇌사에 빠졌다. 결국 자발적 움직임이 거의 없을 정도로 사지가 마비되었고, 정신적으로도 신생아 수준이 됐다.

만 20개월 영아가 어린이집에서 제공된 반찬에 들어 있던 콩으로 인해 뇌 손상 사고를 당했다. 판결 결과 보육교사 및 어린이집 운영 주체인 지방자치단체에 80퍼센트의 손해배상책임이 있다고 인정되었다.

판결 결과, 영아 보호에 책임이 있는 어린이집 측의 과실이 인정되어 보육교사와 어린이집 운영 주체인 지방자치단체에 80퍼센트의 손해배상책임을 인정했다.

그러나 법원에서는 손해배상의 범위에 대해 아이의 부모에게도, 당시 20개월에 불과한 아이의 식습관 및 치아발육 정도 등에 대한 충분한 정보를 사전에 어린이집 측에 제대로 알려 보육시설 원장과 보육교사로 하여금 적합한 음식을 제공하도록 조처를 하지 않았다는 과실이 있다는 점에서 일부 책임이 있다고 인정했다. 그래서 피고들(어린이집 측)이 배상해야 할 손해액을 산정함에 있어 원고(아동 부모 측)의 과실 비율이 20퍼센트로 보는 것이 타당하다고 판결한 것이다.

판결 이후 보육교사들은 '업무상과실치상죄'로 기소되어 벌금 500만 원씩을 선고받았다가 항소를 제기한 결과, 1심 판결을 파기하고 피고인들 모두 무죄 판결을 받았다. 그러나 피고들이 형사적으로는 업무상 주의의무 위반을 한 게 아니어서 무죄를 선고받았다 하더라도 원고의 상해와 관련하여 피고들에게 과실이 있다고 판단하는 데는 문제가 되지 않는다.

형사사건에서의 입증 책임과의 비교

• 과실이 인정되면 업무상과실치상죄가 문제됨.

• 형사상 과실 인정의 기준은 가벌성이 있는지 여부임에 반해, 민사상으로
  는 이미 발생한 피해를 공평하게 분담한다는 피해자 구제의 측면이 중요
  시 됨.

• 형사에서는 모든 입증 책임이 검사에게 있고, 합리적인 의심이 없을 정도
  의 엄격한 증명을 요구하고 있는 반면, 민사에서는 입증 책임을 완화하고
  있는 등 그 입증의 정도에 차이가 있다. 따라서 형사사건에서는 무죄판결
  을 받았음에도 민사사건에서는 책임이 인정되는 결과가 가능하다.

손해배상책임 유무의 주요 쟁점은 무엇인가?

위 사건은 손해배상책임 유무와 관련하여 구체적으로 어떤 점들이
고려되었을까?

첫째, 영유아 교육기관에서 적절한 음식물을 제공하였는가 하는

점이다.

당시 원고는 비슷한 또래의 다른 영아들에 비해 치아발육이 늦어 아래위 각 4개씩의 앞니만 나 있었고, 평소에도 음식을 잘 씹지 않고 삼키는 습관이 있었다. 그런데 당시 어린이집에서 제공한 '흰콩잔멸치볶음'이라는 반찬은 서울시 보육정보센터에서 작성한 식단표에 의한 것으로 만 1~5세의 영아를 대상으로 하는 음식이었다. 서울시 보육정보센터에서 제공하는 식단은 영유아의 일반적인 발달을 기준으로 작성한 것으로, 보육 중인 영유아의 월령과 연령, 치아발달 등 개인발달 정도, 잘 씹지 않고 삼키는 경향 등의 식습관을 고려하여 메뉴를 바꾸거나 형태를 바꿔서 제공하도록 홈페이지 등을 통해 공지하고 있었던 사실이 인정되었다.

어린이집 운영을 총괄하는 원장과 보육교사는 사고 당시 앞니만 나 있던 원고가 흰콩잔멸치볶음 반찬 중에 들어 있던 흰콩을 씹어서 먹기 어려우리라는 것을 충분히 예상할 수 있었다. 그럼에도 이 반찬을 아이가 섭취하기 편하도록 으깨는 등의 조처를 하지 않은 채 그대로 제공했다. 그 결과 아이가 콩을 제대로 씹지 못하다 기도로 들어갔고 산소 공급이 차단되어 상해를 입었다.

결과적으로 이 같은 사고가 발생하지 않도록 피고들이 필요한 주의를 기울였다고 볼 수는 없다고 인정된 것이다.

둘째, 사고 발생 시 적절한 응급조치를 취했는가 하는 점이다.

당시 아이가 콩을 먹다 '캑캑'거리며 얼굴이 창백해지자 보육교사는 아이의 머리를 낮추고 등을 두드려 기도에 걸린 콩을 빼내려 했으나 여의치 않았다. 다른 보육교사가 119로 전화를 하였으나 구급차 도착이 많이 지연된다고 하자 피고들이 직접 승용차를 이용하여 아이를 어린이집에서 차로 약 1분 거리에 있는 병원으로 옮겼다. 그 과정에서 119 의료팀의 설명대로 응급조치를 시도하였으나 병원에 도착했을 때 이미 아이가 의식을 잃고 입술에 청색증이 나타난 상태였다. 이를 본 그곳 의사가 큰 병원으로 옮기는 게 좋겠다고 하여 아이를 차로 약 4분 거리에 있는 큰 병원 응급실로 다시 옮겼는데, 이때 의사가 원고에게 인공호흡을 시도했다. 그러나 인공호흡으로 아이를 소생시키기에 때는 이미 늦어 있었다.

피고들이 나름의 응급조치를 시도했다고 볼 여지도 있다. 그러나 아이의 기도가 콩으로 막혔으리라는 점을 인식하였음에도 등을 두드리기만 했을 뿐 자세를 거꾸로 하지도 않았고, 그 후에도 인공호흡 등 반드시 필요한 조치를 곧바로 취하지 않은 채 119 구급대만 기다리다가 인근 병원으로 원고를 후송했다.

결과적으로 초기 대응과정에서 보육시설의 운영책임자와 보육교사에게 요구되는 적절한 응급조치를 충분히 다 취했다고 볼 수는 없다고 인정되었다.

위의 사례에서 알 수 있듯이 영유아 교육기관에서 안전사고가 발생했을 때 가장 중요한 것은 응급조치와 후속조치를 제대로 취했느냐의 여부다. 왜냐하면 손해배상 문제를 따질 때 중심 쟁점이 되는 것이 바로 후속조치 과정이기 때문이다.

영아돌연사의 경우 사고가 났을 때 가장 핵심적인 것이 '사고 당시 아이를 엎어 재웠는가?'이다. 수면 자세는 어땠는지, 열이나 다른 질환은 없었는지, 아이가 자고 있을 때 몇 분마다 체크했는지, 이상증세를 발견했을 때 응급조치를 어떻게 취했는지 등이 관건이다.

위 사건에서도 손해배상책임 문제를 다툼에 있어 아이가 먹은 음식의 출처에서부터 식단상의 문제가 없었는지, 아이를 후송하는 과정에서 응급조치가 제대로 이뤄졌는지를 면밀히 따졌음을 알 수 있다.

영유아 교육기관의 원장과 보육교사는 만일의 사고에 대비해 신속하고 적절한 응급조치를 취할 수 있도록 대응체계를 갖춰야 할 뿐만 아니라, 사고가 났을 때 어떤 문제로 다툼이 일어나는지, 어떠한 법적 책임이 따를 수 있는지에 대해서도 평소 제대로 숙지하고 있어야 할 것이다.

손해배상은 원칙적으로 금전배상

민법 제394조는 '다른 의사표시가 없으면 손해는 금전으로 배상한다'라고 규정하여 채무불이행이나 불법행위를 원인으로 하여 이루어지는 손해배상은 원칙적으로 모두 금전배상으로 하도록 해놓았다. 이때 공평 타당한 손해배상이 되어야 하므로 피해자가 사고로 인해 오히려 이익을 얻게 되는 '과잉배상'이나 손해배상이 제대로 되지 못하는 '과소보상'이 되어서는 안 된다.

과거에는 인신사고로 인한 손해의 전부를 가해자에게 무조건 부담시키는 것이 옳다고 생각되었지만, 현대사회는 인신사고의 대량화와 고액화가 사회에 큰 부담으로 작용하게 되었다. 그에 따른 손해 발생 원인과 공평한 분담을 유기적으로 관련지어 손해를 사회 전반에 합리적으로 분산시키는 경향이 확대되고 있다. 따라서 인신사고로 인해 발생한 손해는 가해자와 피해자에게 공평 타당하게 분담시켜야 한다.

민사상 손해배상 소송 시 청구금액의 기준

❶ **일실수입** : 영아 사망의 경우, 거주지에 따라 도시 일용노임 또는 농촌 일용노임을 기준으로 노동능력상실을 100퍼센트로 하여 계산, 생계비 1/3 공제
❷ **위자료** : 현재 법원실무(서울중앙지방법원 기준)는 사망사고의 경우 책임제한이 없는 상태에서 위자료를 8,000만 원 기준으로 하고 있음
❸ **치료비** : 영아돌연사의 경우 치료비는 해당 밖의 경우가 많다는 데서 일실수입과 위자료가 청구금액의 대부분을 차지하고 있음

안전사고 발생 시
아동(친권자)에게도 책임이 있을까?

친권자에게도 일부 과실 책임을 물은 사례

앞서 소개한 콩자반 사건은 부모가 아이의 식습관과 치아 발달 정도 등에 대한 충분한 정보를 미리 어린이집 측에 제공하는 등의 조처를 하지 않았다는 점에서 부모 책임도 일부 인정한 판례다.

안전사고가 발생했을 때 영유아 교육기관 이용자인 아동과 부모에게도 책임을 물을 수 있다는 개념은 다소 생소할 수도 있다. 영유아 교육기관을 이용하는 아동의 경우 대부분 만 6세 미만의 사리변별력이 없는 영유아이기에 그 책임은 아이의 책임이 아닌 친권자(부모)의 책임을 말한다. 다음 사건 역시 부모의 과실 책임을 일부 인정한 사건이다.

생후 31개월 된 유아가 어린이집에서 수업을 받던 중 60센티미터 높이의 책상 위에 놓인 가열된 코팅기 롤러에 오른손을 집어넣었다가 3도 화상을 입어 손가락 3개를 절단하는 수술을 받았다. 재판부는 어린이집 원장과 보육교사에게 과실이 있다고 보고 손해배상책임을 인정하되, 부모에게도 10퍼센트 비율의 과실 책임을 인정했다.

사고 후 아이의 가족들은 보육교사 2명과 원장, 어린이집 사업자 등록자 등 4명을 상대로 '1억 6,300만 원을 배상하라'는 소송을 냈다.

이에 재판부는 "보육교사들은 어린이집 내에서 유아들이 안전사고를 당하지 않도록 주의해야 할 의무가 있음에도 이를 게을리 해 수업 중인 교실 내에 유아들의 손이 닿는 높이에 위험한 물건인 코팅기를 가열된 채로 놓아둔 과실로 상해를 입게 했으므로 손해를 배상할 책임이 있고, 원장도 보육교사의 사용자로서 손해배상책임이 있다"라고 밝혔다.

또 "시설 명의자는 '이미 어린이집 운영권을 포괄 양도해 감독 책임이 없다'고 주장하나, 어린이집 안전사고를 대비해 가입한 상해보험계약 만기까지 보험계약자 명의를 변경하지 않았고, 사고 발생 이후에 보험사로부터 보험금을 받은 점 등에 비춰 어린이집 운영권을 양도한 이후에도 어린이집 운영에 실질적으로 관여한 것으로 보인다"며 시설 명의자에게도 배상책임이 있다고 덧붙였다. 그 결과 "피고들은 원고에게 6,823만 원을 지급하라"며 원고 일부승소 판결을 내렸다.

그러나 이 사건의 경우, "부모로서 아이를 어린이집에 맡김에 있어 아이에게 위험한 물건을 함부로 만지지 말라는 교육을 철저히 하지 않은 잘못이 있으며 그 과실 비율은 10퍼센트로 보는 것이 타당하다"라고 판결하여 부모의 과실 책임도 일부 인정했다.

친권자에게는 과실 책임이 없다고 인정한 사례

다음은 부모에게 과실 책임이 없다고 인정한 판례다.

> 어린이집에 등원했던 만 3세 유아가 등원 후 어린이집 밖으로 나갔다가 인근 도로에서 이 어린이집 차량에 치여 사망했다. 재판부는 어린이집 원장의 과실 책임을 인정했다.

아이의 부모는 어린이집 원장을 상대로 손해배상 청구소송을 냈고, 이에 재판부는 "피고는 원아들에 대해 친권자에 준하는 보호·감독 의무를 지는 어린이집 원장으로서 원아들을 어린이집으로 인솔한 후에도 나이 어린 원아가 다시 어린이집 밖 도로로 나와 사고를 당할 위험에 처하지 않도록 해야 할 주의의무가 있음에도 이를 게을리한 과실이 인정된다"라고 하면서, "차량 보험사와 연대해 1,400만 원의 공탁금을 제외한 1억 9,900만 원을 배상하라"라고 판결했다.

이 사건에서 어린이집 원장은 "부모도 안전교육을 하지 않은 잘못이 있다"라고 주장했다. 그러나 판사는 "피고는 어린이집에 도착한 순간부터 귀가할 때까지 원아의 안전에 관해 직접적인 보호·감독 의무를 지는 자로서 사고에 대한 모든 책임을 지는 것이 마땅하다"면서 "만 3세에 불과한 유아를 상대로 안전교육을 하지 않았다는 이유를 들어 부모에게 일부 책임을 전가하려는 것은 부당하다"라고 덧붙였다.

즉 영유아이 교육기관 원아가 일단 등원하고 나면 아이가 귀가할 때까지의 보호·감독 의무는 원장에게 있다는 것이며, 따라서 자녀에 대한 안전교육 책임을 부모에게 물을 수 없다고 한 것이다.

친권자의 책임은 손해배상책임에서 과실상계를 의미

위 판례들에서 알 수 있듯이, 부모가 자녀에게 안전교육을 철저히 하지 않은 데 대한 과실이 있느냐 없느냐 하는 문제는 다소 애매하게 느껴질 수도 있다. 영유아 교육기관이란 부모를 대신해 영유아의 보육과 교육을 담당하는 기관인데, 안전사고 책임을 아동의 부주의 혹은 부모의 교육 부족으로 돌릴 수 있는가 하는 문제는 우리 나라 정서상 쉽게 이해되지 않을 수도 있다.

그런데 이때의 책임이란 법적인 '손해배상책임'을 뜻하는 것임을 알아둘 필요가 있다. 예를 들어 아이의 사고에 있어서 부모가 사 전 훈육을 충분히 하지 못했다는 이유로 10퍼센트의 책임을 진다 는 것은 그 자체만 놓고 보면 억지스러워 보일 수도 있겠지만, 여기 서 10퍼센트란 손해배상액을 산정하는 데 있어 과실상계(원고에게도 과실이 인정되면 손해배상의 책임과 손해배상 금액의 결정에 있어서 그 과실을 참작하는 것)를 의미하는 것이다. 이것은 보험 측면의 논리라 할 수 있다.

도의적 책임감 vs 법적인 책임

영유아를 보육하는 데 있어서 만에 하나라도 사고가 발생하지 않도록 온 힘을 쏟아야 함을 잘 알고 있지만, 막상 안전사고와 같은 불미스러운 상황에 직면하고 나면 누구든 당황하기 마련이고 그 후폭풍을 감당하기 어려울 것이다. 그러다 보니 사고가 일어났을 때 그 사실이 대내외적으로 많이 알려지기보다는 되도록 원만하고 신속하게 해결되기를 바라기도 한다. 이는 안전사고에 직면한 영유아 교육기관 측의 대체적인 입장이기도 하다.

특히, 영유아 교육기관 안전사고에 있어서 민·형사상의 책임을 떠나 정서상 가장 문제가 되는 부분은 도의적 책임 문제일 것이다. 사리변별력이 없는 만 6세 미만의 영유아를 부모를 대신해 돌보고 교육해야 한다는 특성상 아이에게 사고가 났을 때 도의적 책임감으로부터 결코 자유로울 수 없는 것도 사실이다.

도의적이고 심정적인 책임감과 법적인 책임 문제를 칼로 자르듯 구분하기는 어렵다. 그러나 도의적 책임감을 인정하는 것이 자칫 법적인 과실을 인정하는 것으로 오인되어 민·형사상 책임으로까지 확대될 수 있는 여지도 있을 수 있다.

이로 인해 현실적인 문제 해결의 전면에 적극 나서지 못하고 수동적인 입장에 머무르기만 한다면 보육교사를 위해서나 앞으로의 사고 예방을 위해서나 발전과 개선의 여지를 찾기 어려울 것이다.

법률에서 뜻하는
'중과실'

선생님의 과실, 판단 기준은?

생후 14개월 된 유아가 어린이집에서 간식으로 제공한 사과를 먹다 사과 조각에 기도가 막혀 질식함으로써 저산소성 허혈성 뇌증 등의 상해를 입어 식물인간의 상태에 이르렀다. 재판부는 담당 보육교사에 대해 불법행위자로서 배상책임이 있고, 원장도 보육교사의 사용자로서 배상책임이 있다고 판결했다.

이 사건에서 재판부는 보육교사가 유아들에게 단단한 과일을 간식으로 먹일 경우에는 과일을 갈아주거나 잘게 썰어주는 등 질식사고가 발생하지 않도록 해야 할 주의의무가 있음에도 이를 게을리한 과실이 있다고 보았다.

그렇다면 보육교사의 행위에 '과실'이 있는지는 어떻게 판단할까?

과실이라는 말은 고의적이든 아니든 상관없이 피해자에게 손해를 끼쳤다는 뜻이다. 법률에서 말하는 과실에는 주의의무 위반의 정도에 따라 '경과실'과 '중과실'이 있다. '주의를 현저히 결하는 경우'를 중과실이라 하고, 민법에서는 '중대한 과실'이라 표현한다.

어떤 행위가 중과실인지 아닌지는 대개 다음과 같은 기준에 의해 판단한다.

첫째, '위험성' 여부가 있다. 사망이나 부상을 일으킬 수 있는 위험한 행위였는지의 여부로, 일반인의 상식을 넘어서는 이상성이 있었는지, 위법성·모호성·무모성·반사회성이 있었는지도 함께 검토한다.

둘째, '예견성' 여부는 통상 일반인이 해당 상황에서 행위의 위험성을 예견할 수 있었는지 여부다.

셋째, '회피가능성' 여부는 행위를 회피할 수 있었는데 굳이 행했는가 하는 점을 따진다.

그리고 행위와 결과(부상이나 사망) 사이에 '인과관계'가 있었는지 없었는지를 따진다.

중과실 여부의 판단 방법

이와 관련해 성인에게 일어난 사고를 예로 들어 보자.

> 23세의 남성이 놀이용 폭죽을 만들었다가 폭발사고로 인해 손에 상
> 처를 입었다. 친구를 놀라게 하려고 화약을 철제 수도관에 넣고 뚜껑
> 을 닫으려다 약간의 마찰이 일어나 폭죽이 돌연 폭발한 것이다. 그는
> 이전에도 폭죽을 만드는 행위를 반복했으며, 어머니로부터도 수차례
> 주의를 받았다. 또한 폭죽 자루에는 화약물질이 묻어 있어 위험하기
> 때문에 취급 주의라는 표시가 있었다.

일반적으로 폭죽은 위험한 물질이며 폭죽을 만드는 행위는 폭발
할 우려가 있는 위험한 행위라고 할 수 있다. 한편, 단순히 폭죽의
화약을 푸는 것만으로는 통상 폭발하지 않으므로 화약을 풀어 폭
죽을 만드는 것만으로는 위험성이 높지 않다. 23세의 남성은 그동
안 같은 행위를 되풀이해 왔으나 폭발하지 않았기 때문에 이번 폭
발에서 손에 상처를 입게 될 것에 대해서는 예견가능성이 낮았다.
위험의 예견성이 낮았기 때문에 위험행위를 회피하는 일은 하지 않
았는데, 위험성을 예견할 수 있었다면 그만두면 될 뿐이어서 회피
가능성은 있다. 여기서 위험성을 '이상성'으로 바꾸면, 23세의 성인

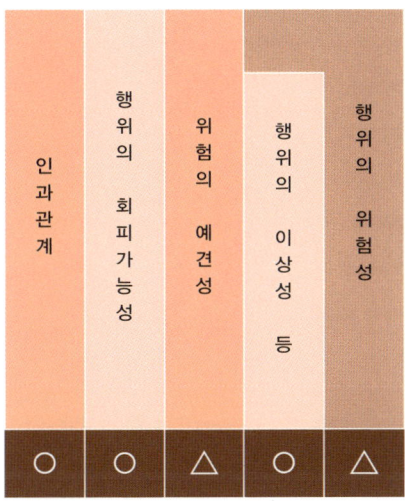

인과관계	행위의 회피가능성	위험의 예견성	행위의 이상성 등	행위의 위험성
○	○	△	○	△

(○ : 해당, △ : 판정 곤란)

이 이와 같은 행위를 하는 것은 이상한 행위라고 할 수 있다. 따라서 본 사례는 중과실이 있다고 판정해도 될 것이다.

  20년 이상 복어를 요리했던 60대 남성이 직접 낚은 복어를 조리해서 먹었다가 복어중독에 의해 사망했다.

이 사고를 따져보면, 일반인이 복어를 직접 조리해 먹는 것은 위험성이 있다고 할 수 있지만, 60대 남성은 20년 이상 복어를 요리해

도표15 복어중독 사망사고에 대한 중과실 해석

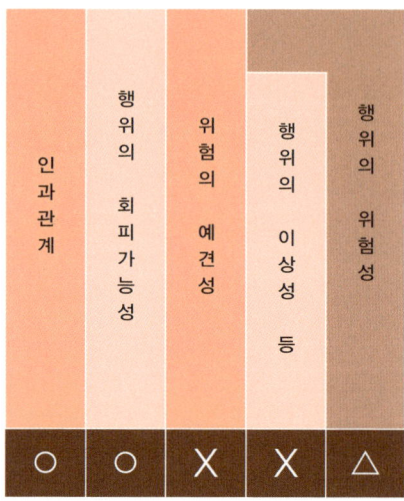

(○ : 해당, △ : 판정 곤란, X : 해당 없음)

인과관계	행위의 회피가능성	위험의 예견성	행위의 이상성 등	행위의 위험성
○	○	X	X	△

왔다는 점에서 반드시 위험성이 높은 행위라고 할 수는 없다. 또한 낚시애호가 중에는 드문 행위라고 할 수 없고, 이상성·무모성이 크다고 말할 정도는 아니다. 조리사면허를 갖고 있지 않다고 해도 영업 목적이 아니었으므로 위법성이 높지도 않다.

60대 남성은 20년간 같은 행위를 하는 동안 독에 의해 사고를 당하지 않았기 때문에 이번에 독에 의해 사망할 것이라고 보는 예견 가능성도 낮았다. 그리하여 행위를 회피하는 일은 하지 않았지만, 위험성을 예견할 수 있었다면 그만두었을 것이라는 데서 회피가능성이 있다고 할 수 있다. 이런 점에서 중과실이 없다고 판정할 수 있다. 다만 이를 다른 사람에게 제공했을 경우라면 다른 사람에게도 위험을 끼칠 가능성이 있으며 예견가능성도 그만큼 높아져 중과실이라고 판단할 여지가 있다.

업무상 과실 vs 명백한 중과실

어린이집 원아가 교실에 있던 가스난로에 의해 화상을 입었다. 이 가스난로는 어린이집 원장이 원장실에서만 개인적으로 사용하던 것이었는데 이를 교사가 마음대로 교실로 가져가 사용하다가 사고가 난 것이다. 이에 원심에서는 원장의 형사상 과실 책임이 있다고 판결했으나, 이후 원심판결을 파기하고 원장에 대한 무죄가 선고되었다.

영유아 교육기관 원장에게 원아의 사고 발생에 대한 형사상 과실 책임을 묻기 위해서는 그가 영유아 보육 책임자로서 사고의 발생을 '예견'할 수 있었음에도 이를 게을리한 과실이 있어야 하고, 또한 그 과실이 이 사고 발생의 '직접 원인'이었음이 인정되어야 하며, 그 과실의 유무를 판단할 때 '일반인의 주의 정도'를 표준으로 한다. 여기에 관련 법령에서 요구하는 시설기준, 보육환경 등이 고려되어야

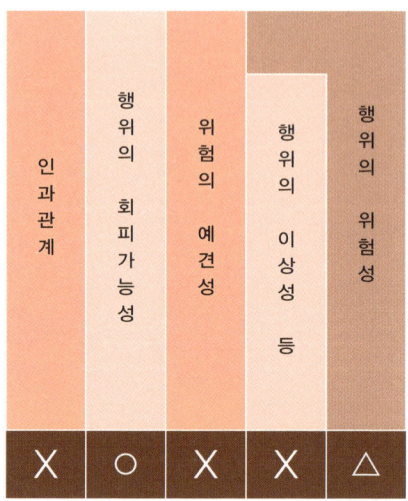

인과관계	행위의 회피가능성	위험의 예견성	행위의 이상성 등	행위의 위험성
X	O	X	X	△

(O : 해당, △ : 판정 곤란, X : 해당 없음)

할 것이다.

그런데 영유아 보육 책임자로서의 책임 및 보호자적 지위만을 강조한 나머지 과다한 업무상 주의의무를 요구할 수는 없을 것이다. 사고 당시 원장이 업무상 주의의무를 위반했다고 할 수는 없을 뿐만 아니라, 교사가 마음대로 가스난로를 옮겨 사용하리라는 것까지 원장이 '예견'할 수는 없었을 것이므로 원장의 업무상 과실이 있다고 할 수 없다는 것이다.

반면, 앞서 예로 든 아이에게 먹인 사과 조각으로 인해 기도가 막

도표17 사과 조각으로 인해 기도가 막힌 사건에 대한 중과실 해석

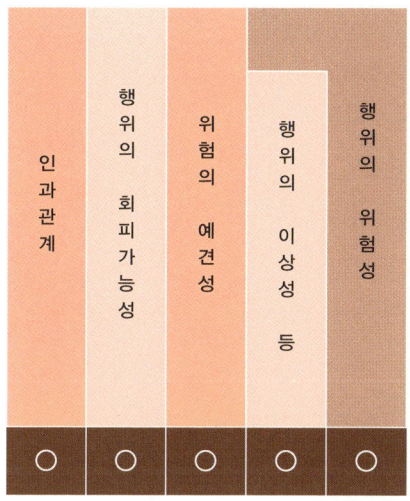

인과관계　행위의 회피가능성　위험의 예견성　행위의 이상성 등　행위의 위험성

(○ : 해당, △ : 판정 곤란, X : 해당 없음)

힌 사건은 14개월에 불과한 아이에게 사과를 잘게 자르거나 갈아
주지 않고 큰 조각으로 먹인 행위였기 때문에 불가피한 상황이 아
니라 얼마든지 위험성이 있다고 볼 수 있는 행위였다. 그만한 크기
의 음식물을 먹었을 때 위험한 상황이 발생할 수 있다는 것은 보육
교사로서 예견할 수 있었으므로 얼마든지 회피 가능했다. 또한 큰
사과 조각을 먹인 것과 아이의 기도가 막힌 것 사이에는 분명한 인
과관계가 있다. 따라서 이 경우 단순한 업무상 과실이 아닌 중과실
로 볼 수 있는 여지가 있으며, 불법행위책임을 물을 수 있다.

손해배상책임의 범위는 어디까지인가?

인신사고로 인한 손해에 대해서는 손해배상법이 적용된다. 이 손해배상법은 손해배상책임이 발생한 것을 전제로 하여 책임 범위를 정하게 되는데, 손해배상액 산정이 어떤 법규를 근거로 하는 것이 아니라 그동안의 관습과 누적된 판례를 통한 법칙에 기초하여 이루어진다는 점에서 다른 어느 영역보다도 판례의 영향력이 크다.

우리나라 민법상 손해배상의 방법은 금전배상에 의하게 된다. 하지만 문제가 되는 것은 인신사고로 인한 손해배상은 손해배상 산정의 기초가 되는 피해자의 능력과 직업, 그로 인한 소득이 천차만별이라서 과연 어느 것을 통상적인 손해로 볼 것인가. 또 어느 것이 특별손해이며 이를 어떻게 증명할 것인가 하는 어려움이 있다.

인신사고로 인해 피해자가 사망한 경우 불법행위 당시의 소득이 모두 상실된다는 점에 대해서는 다툼이 있을 수 없다. 그러나 일정한 직업에 종사하여 수입을 얻고 있던 자가 사고로 인한 부상으로 신체기능에 장애가 생겼을 때 인신사고로 인한 일실수익의 산정방식에 관해서는 그 본질과 관련하여 차액설과 평가설이 있다.

❶ 차액설(현실손해설)

차액설은 인신사고로 인한 손해인 일실수익의 본질을 불법행위가 없었더라면 피해자가 얻을 수 있는 소득의 상실로 본다. 그래서 불법행위 당시의 소득과 불법행위 후의 소득과의 차액을 산출하는 방식으로 일실수익을 산정하게 된다.

종래 실무계에서는 종전 직업의 소득에서 남은 신체기능을 가지고 다른 직업에 종사하여 얻을 수 있을 것으로 예상하는 향후 소득을 공제하는 차액설의 방법으로 일실수익을 산정하여 왔다. 예를 들어 "원고는 본건 사고가 없었더라면 농촌노동으로 매월 4,400원의 수입을 얻을 수 있는 계산이 되나 원고는 제대 후 초등학교 수위로 근무하여 월 5,000원의 수입을 얻고 있으니 본건 사고로 인하여 상실되는 수익이 없음에 귀착되므로 재산상 손해배상청구를 배척한 것은 정당하다"는 판시, "광부 퇴직 후의 예상수익인 일반농업 노임액이 노동능력 상실 정도를 감안하고도 오히려 사고 전에 받던 광부노임보다 많은 경우에는 일실이익의 손해가 있다고 볼 수 없다"는 판시는 차액설에 따라 일실수익을 산정한 예다.

이러한 차액설에 의할 때에는 무직자나 유아 등은 불법행위 당시 수입이 없으므로 아무리 신체기능이 훼손되었다 하더라도 그 일실 수익이 있을 수 없다는 점, 피해자가 종전 직업에 종사할 수 없게 되었다고 하여 그 사실만으로 바로 그가 장래 일용노동에 의한 소득밖에 얻을 수 없다고 보는 것은 상당치 않다는 점, 향후 소득의 예측은 합리적이고 객관성 있는 근거에 의해야 하는데 사실상 향후 소득의 예측이 쉽지 않다는 점, 사고 전후에 있어서의 현실적인 소득의 차액이 변론 과정에서 밝혀지지 않는 경우 그 일실수익을 산정하는 것이 불가능하다는 점 등의 문제점에 봉착했다. 여러 판례도 그 부당함을 지적하면서 차액설은 점차 설 자리를 잃어가고 있다.

❷ 평가설(가동능력상실설)

평가설은 인신사고로 인한 손해인 일실수익의 본질을 소득창출의 근거가 되는 노동능력의 상실 자체로 본 것이다. 상실된 노동능력의 가치를 불법행위 당시의 소득이나 추정 소득에 의하여 평가하는 방식으로 일실수익을 산정하게 된다. 이 평가설에 의하면 사고 당시의 소득에 노동능력상실률을 곱하는 방식으로 일실수익을 산정하므로 일실수익 산정이 대체로 간편하다는 점이 큰 장점이다.

실무계에서는 종전 직업의 소득으로부터 남은 신체기능을 가지고 다른 직업에 종사하여 얻을 수 있을 것으로 예상하는 향후 소득을 공제하는 차액설의 방법으로만 일실수익을 산정하여 왔으나 차액설에 의해 일실수익을 산정할 때의 문제점으로 인해 평가설이 지지를 받게 되었다. 즉 타인의 불법행위로 인하여 상해를 입고 노동능력의 일부를 상실한 경우에 피해자가 입은 상실수익의 산정방법에 대해서 상실수익의 본질을 불법행위가 없었더라면 피해자가 얻을 수 있는 소득의 상실로 본다.

우리나라 대법원은 "불법행위로 인하여 상해를 입고 노동능력의 일부를 상실한 경우에 피해자의 상실수익의 산정방법으로는 차액설과 평가설 중 그 어느 것을 사용하더라도 무방하다"라고 보아, "당해 사건에 나타난 구체적인 사정을 참작하여 합리적이고 객관성이 있는 기대수익을 산정할 수 있으면 충분하고, 반드시 어느 한쪽만을 정당한 산정방법이라고 할 수 없다"라고 판시하여 일실수익을 산정함에 있어 차액설에 의할 수도, 평가설에 의할 수도 있음을 허용하고 있다. 그러나 최근에는 거의 평가설에 의해 일실수익을 산정하는 추세다.

형사책임을 묻는
사례의 증가

선생님 개인에게 형사책임을 물은 사례

일본은 우리나라와 유사한 보육환경을 지니고 있어서, 보육시설에서 일어나는 안전사고에서도 유사한 사례를 종종 발견할 수 있다. 그중 한 예가 일본 북큐슈의 한 어린이집에서 발생한 사건이다. 우리나라에서와 마찬가지로 당시 일본에서도 이 사건은 사회적 파문을 일으키며 큰 충격을 주었다.

2007년 일본 북큐슈 지역에 있는 어린이집에서는 원아들을 공원에서 놀게 한 후 승합차에 태워 돌아왔다가 원아 한 명이 차에서 내리지 않은 사실을 확인하지 않은 채 방치했다. 당시 만 2세의 원아는 차 안에 4시간 방치되었다가 열사병으로 사망했다. 사고 당일 낮 최고기온이 33.4도에 이르는 폭염이었으며 차 안의 온도는 50도 가까이 되었다.

일본 재판부는 "서서히 기온이 상승해 가는 차내에서 어떠한 생각으로 죽음에 이르렀을 것인가, 그 고통은 상상도 할 수 없다. 지극히 기본적인 주의의무를 위반했고 과실은 중대하다"라며 인솔교사의 책임을 지적했다.

또 원장에게도 '안전관리의 매뉴얼도 없었던 엉성한 보육체제'를 비판했다. 재판 결과 당시 인솔을 맡은 교사 2명은 '업무상과실치사상죄'로 금고 1년에 집행유예 3년을 선고받았고, 다른 직원 2명은 약식 기소되어 벌금 40만 엔의 처분을 받았다. 이 어린이집의 원장은 당시 현장에 있지 않았다는 이유로 형사적으로는 불기소 처분되었으나 집행유예 판결을 받았고, 어린이집은 폐원되었다.

이처럼 안전사고로 인한 결과가 중대할 경우 교사 개인에게 '업무상과실치사상죄'의 형사책임을 묻는 예도 있으며, 우리나라에서도 그러한 사례가 종종 발생하고 있다.

형사책임 여부는 업무 범위에 따라 물을 수 있다!

영유아 교육기관 내에서 혹은 수업시간 도중 일어난 안전사고, 특히 교외 행사나 야외활동, 실험실습 도중에 사상자가 나왔을 때 형사책임은 '업무상과실치사상죄'를 보육교사에게 물을 수 있느냐의 여부에 달려 있다.

다음은 2007년, 만 4세 미만의 유아반 원아들을 데리고 교통체험학습을 나갔다가 발생한 안전사고에 대해 어린이집 원장과 동행했던 보육교사에게 형사책임을 물은 판례다.

어린이집에서 유아반 원아들을 데리고 공원에서 체험학습을 한 후 분수대 광장에서 점심을 먹고 나서 기념촬영을 하는 등 휴식하고 있는 사이에 만 4세 유아가 분수대 주위에서 놀다 물에 빠져 사망한 사건이 발생했다. 당시 분수대의 수심은 53센티미터 정도밖에 되지 않았으나 아이가 물에 빠진 채 곧바로 구조되지 못한 상태에서 시간이 경과하여 결국 질식, 뇌부종 등의 원인으로 익사하고 말았다.

위 사건은 체험학습에 동행했던 어린이집 보육교사와 원장이 업무상 주의의무를 위반했다는 이유에서 죄책을 인정하고 형사책임을 선고받았던 사례다. 하지만 동행한 보육교사보다는 원장 책임이 더 크다는 판결이 나왔다.

어린이집 원장은 원아의 관리·감독을 총괄하는 안전 전반에 관한 책임자로서, 언어능력이 미흡하고 지각능력이 현저히 떨어지는 유아(만 4세 미만)의 행동을 자세히 관찰하고 주시하여 시야에서의 이탈을 막아 사고를 미연에 방지해야 했다. 그런데 분수대 주변에서 놀던 원아를 제대로 돌보지 않아 수심 53센티미터의 분수 안에 빠져 숨지도록 방치한 혐의로 어린이집 원장을 업무상과실치사상죄가 있다고 판결한 것이다.

이날 체험학습에 동행했던 어린이집 보육교사도 업무상 주의의무를 다했다고 볼 수 없지만, 분수대에 빠진 원아를 발견한 즉시 구호 조치에 최선을 다했다. 또 원아의 부모가 처벌을 원하지 않았으며, 보육교사로서 더욱 주의를 기울여 아이들을 돌보겠다고 다짐하고 있는 점 등을 들어 처벌을 면하게 되었다.

형사책임 여부는 과실 인정 부분이 가장 문제가 되는데, 어디까지를 '업무'의 범위로 보느냐에 대해서는 학설과 판례 모두 그 범위를 넓게 생각하고 있다. 즉 단순한 자동차운전이라 할지라도 업무로 볼 수 있으며, 교육과정 외의 활동이었다 할지라도 교사의 업무로 인정할 수 있다. 단, 사고에 대한 인과관계, 예견 가능성, 회피의무 등을 검토할 때 불가항력에 가까운 경우까지 교사에게 형사책임을 추궁하지는 않는다. 대개 형사상 과실은 인정되지 않지만, 민사상 과실이 인정되어 손해배상을 명령하는 경우가 가장 일반적이다.

형벌의 부과 업무상 과실치사

형법 제286조(업무상 과실·중과실치사상) 업무상 과실 또는 중대한 과실로 인하여 사람을 사상에 이르게 한 자는 5년 이하의 금고 또는 3,000만원 이하의 벌금에 처한다.

영조물·시설물로 인한 안전사고

영유아 교육기관 안팎의 위험한 시설물을 점검하라

만 5세 유아가 유아원에서 혼자 걸어서 집으로 가던 중 버려진 냉장고를 발견하고 안으로 들어가 놀았다. 아이는 냉장고를 흔들며 놀다가 냉장고가 갑자기 기울면서 냉장고 문과 몸체 사이에 목이 끼여 질식사했다. 재판부는 냉장고를 무단으로 버린 자와 아이를 홀로 하교시킨 어린이집 원장의 손해배상책임을 인정했다.

당시 버려져 있던 냉장고는 트럭 적재함 칸막이 위에 놓여 있어 흔들면 좌우로 흔들리는 상태였다고 한다. 또한 이 아이는 평소 통학차량으로 하교했으나 이날은 1킬로미터 정도의 거리에 있는 집으로 혼자 걸어가던 중이었다.

이 사건에서 주택가의 트럭 적재함 칸막이 위에 헌 냉장고를 뚜껑이 위로 향하게 한 상태로 버린 피고1의 경우, 그곳을 지나던 아이가 위와 같은 사고를 당할 수 있다는 위험성을 충분히 예견할 수 있었다. 따라서 폐냉장고를 적법한 절차를 거쳐 허용된 장소에 버리거나 냉장고에 아이가 들어가서 놀지 못하도록 하는 조처를 하여 사고를 방지했어야 할 주의의무가 있음에도 이를 게을리한 탓으로 위와 같은 사고가 발생했다. 따라서 피고1은 아이의 사망에 대해 손해배상의무가 있다고 판결했다.

어린이집 운영자인 피고2의 경우, 평소 차량을 이용해 유아들을 등하교시킨 것은 유아들이 도보로 등·하교하는 경우에 발생할지도 모르는 사고로부터 유아들을 보호하기 위한 것이었다. 이는 유아들을 위하여 체결한 계약 속에 묵시적으로 포함된 피고의 의무에 속하는 사항이다. 유아들이 당할 수 있는 사고에는 등·하교 과정에서 유아들이 위험한 장난을 함으로써 일어나는 사고도 포함되어 있다고 볼 수 있다. 따라서 아이가 하원 길에 냉장고에 들어가서 놀다가 사망한 것은 피고가 의무를 위반하여 생긴 결과이므로 피고2 또한 아이의 사망에 대해 손해를 배상할 책임이 있다고 판결했다.

또한 아이의 부모에게는 평소 아이가 어린이집이 끝나면 반드시 어린이집의 차량을 이용하여 귀가하도록 하고, 버려진 냉장고와 같이 위험한 물건에 들어가서 놀지 않도록 교육·감독해야 할 주의의 무를 게을리한 잘못이 있다고 할 수 있겠지만, 그것이 피고들의 책임을 면하게 할 정도는 아니었다. 이에 피고들이 배상해야 할 손해액을 산정함에 있어 이를 참작하기로 하되, 피고1과의 사이에서는 60퍼센트, 피고2와의 사이에서는 70퍼센트로 보는 것이 상당하다는 판결이 나왔다.

영조물·시설물로 인한 안전사고는 설립 주체가 손해배상책임

|

위 사건은 보육시설 밖의 시설물, 그것도 길거리에 버려진 폐자재로 인해 아이가 안전사고를 당했지만, 아이의 안전한 하교에 책임이 있던 원장에게도 손해배상책임이 인정된 사례다. 이처럼 영유아는 각종 시설물로 인한 안전사고를 당할 위험이 크다. 가까운 일본에서도 어린이집 안에서 유아가 서랍장에 들어갔다가 사망한 사고가 있었을 정도로 시설물로 인한 사고위험이 도처에 도사리고 있는데, 시설물로 인한 안전사고에서는 보육교사에게 과실이 있는지 여부, 그리고 누구에게 과실이 있는지 여부가 굉장히 민감한 사안으로 다루어진다.

다음은 세월이 조금 흐른 1970년대에 일본에서 일어난 사고다. 이

사고는 영유아 교육기관의 설립자 또는 운영자에게 아동의 안전을 위한 교육조건의 정비의무가 있음이 당연하고, 시설물의 설치관리와 소유자로서 지방자치단체에게도 영조물배상책임이 있음을 밝힌 사례의 예로 종종 거론되곤 한다.

> 일본의 한 시립어린이집에서 하원을 기다리던 만 4세 원아가 어깨에 멘 가방끈이 미끄럼틀에 걸려 질식사했다. 당시 어린이집에 설치되어 있던 미끄럼틀의 계단과 난간 사이의 틈과 모양 때문에 가방 끈이 걸리게 된 것인데, 유아가 가방을 멘 채 놀고 있으면 가방 끈이 걸리는 사고가 발생하는 것을 예측할 수 있었다는 점에서, 그리고 통상 이 미끄럼틀을 이용하는 원아는 체력이나 판단능력 면에서 아직 미숙하다는 전제하에 있다는 점에서, 어린이집 시설물로서 본래 갖추어야 할 안전성을 결한 것으로 인정되었다. 결국, 시와 해당 어린이집 설립운영자가 손해배상책임을 지게 되었다.

이처럼 영유아 교육기관 시설물의 설치 및 관리상의 하자로 인해 원아가 안전사고를 당했을 때 일차적으로 시설물 소유자가 손해배상책임을 지고, 점유자가 이차적으로 책임을 진다. 그런데 통상 영유아 교육기관 설립자가 시설물의 소유자 겸 점유자이기도 하므로 설립자가 손해를 배상할 책임이 있다. 그중에서 시설물을 국가가 설치했느냐 개인이 설치했느냐에 따라 책임이 달라진다.

국공립 보육시설의 설치, 관리 하자로 인하여 발생한 안전사고에 대해서는 국가 또는 지방자치단체의 국가배상법 제5조 '영조물배상책임법'이 적용되고, 사립이나 민간 보육시설의 설치, 관리 하자로 인해 발생한 안전사고에 대해서는 민법 제758조 '공작물배상책임법'이 적용되어 설립주체가 손해를 배상한다.

여기서 설치 및 관리상의 하자라는 것은 '영조물의 구조와 성질 등 물적 상태에 결함이 있어서 통상적으로 그 시설이 갖추어야 할 안전성을 결여한 것'을 의미한다. '설치'의 하자란 설계상 또는 축조상의 하자이고, '관리'의 하자란 시설이 건조된 후의 하자, 즉 유지나 수선에 있어서 불완전한 점이 있는 경우에 해당한다.

이처럼 영조물의 설치, 관리의 하자로 인한 손해배상책임은 관련 가해자의 위법행위나 과실이 없더라도 발생한다는 점에서 무과실책임주의를 인정한 것이다. 영조물의 설치, 관리에 하자가 있으면 국가 등은 책임 주체의 유무를 불문하고 그 손해를 배상할 책임을 지는 것이다. 이때 설치 및 관리의 하자로 인해 손해가 발생해야 하고, 하자와 손해 간에 인과관계가 있어야 한다. 인과관계가 있다면 자연현상 또는 제3자나 피해자의 행위가 손해의 원인으로 추가되었더라도 국가 또는 지방자치단체가 책임을 진다.

민간 보육시설에서 안전사고가 발생했을 때에는 운영 유무에 상관없이 명의자가 책임을 진다

어린이집 보육교사의 과실로 만 3세 유아가 어린이집을 빠져나가 어린이집 부근의 철로 위에 올라갔다가 열차에 치여 사망한 사건이 있었다. 이 어린이집은 민간시설로서 명의자가 원장 A에게 민간보육시설 설치신고자 명의를 대여하여 운영하게 한 경우였다.

이 사고 후 원심에서는 피고(명의자)가 실제 운영자가 아니므로 보육교사를 지휘·감독할 지위에 있었다고 보기 어렵다는 등의 이유를 들어 피고에게는 위 사고로 인한 아무런 손해배상책임도 없다고 판단하였다. 그러나 대법원에서 원심을 뒤집는 판결, 즉 어린이집을 직접 운영하지 않은 명의자라 할지라도 손해배상책임이 있다는 판결이 나왔다.

그 이유는 첫째, 타인에게 자기의 명의를 사용할 것을 허용한 경우에는 명의자의 사업이자 명의자의 종업원임을 표명한 것과 다름이 없으므로, 명의사용을 허용받은 사람이 다른 사람에게 손해를 끼쳤다면 명의사용을 허용한 사람도 민법 제756조에 의하여 그 손해를 배상할 책임이 있기 때문이다.

둘째, 명의 대여관계의 경우 실제로 지휘·감독을 하였느냐의 여부와 관계없이 사용자가 그 불법행위자를 지휘·감독해야 할 지위에 있었느냐의 여부를 기준으로 결정하여야 한다.

이에 민간 보육시설 설치신고자 명의를 대여한 자에게 사용자책임을 인정, 이 사고에 대한 책임이 있다고 본 것이다.

안전사고 발생 시 보험금은 무조건 지급될까?

영유아 교육기관과 보험은 불가분의 관계

크고 작은 안전사고가 불가피한 현장이라는 점에서 영유아 교육기관과 보험은 불가분의 관계에 있다. 따라서 불의의 사고에 대비하기 위한 보험 가입은 어린이집 운영자로서의 의무사항이다. 실제로 영유아 교육기관을 운영하기 위해서는 보험에 가입하는 것이 의무이며, 상해·배상 보험 가입률도 매우 높은 편이다.

다음은 어린이집 차량에서 내린 아이가 다른 차량에 치여 사망한 사건으로, 다른 차량의 보험사가 어린이집 차량 보험사를 상대로 소송을 내 일부 승소한 사례다.

어린이집 통학차량에서 내린 만 6세 남아가 무단횡단을 하던 중 중앙선을 넘어오던 화물 차량에 치여 사망했다. 어린이집 차량이 아이를 내려준 곳은 횡단보도가 없는 편도 1차선 도로 앞이었고, 아이는 통학차량에서 내리자마자 길을 건너다 사고를 당했다. 재판부는 어린이집 측에 '일부 책임'이 있다고 판결했다.

사고를 낸 화물 차량의 보험사인 H사는 '어린이집 측이 무단횡단을 하도록 방치했다'며 어린이 통학용 차량 보험사인 D사를 상대로 2억 3,600여만 원의 소송을 냈다. 재판부는 어린이 통학용 차량이 주의의무를 소홀히 한 데 대해 일부 책임이 있다고 했다. "망인은 만 6세에 불과한 나이로 판단능력과 사리분별력이 부족한 어린이인데 차량이 하차시켜 준 곳은 횡단보도가 없는 집 건너편이다"라며 "안전하게 하차시켜야 할 주의가 있음에도 이를 소홀히 한 점이 사고의 원인이 됐다"라고 판시했다. 이어서 "직접적인 원인은 원고 차량 과실에 있다고 봄이 상당함으로 피고 차량의 과실은 20퍼센트에 해당해 2억 3,600여만 원 중 9,460여만 원을 지급하라"라고 덧붙이며 일부 승소 판결을 냈다.

과실 책임 증거가 보험금 지급의 조건

보험은 상해사고에 따른 치료비는 물론 손해에 따른 배상책임을 목적으로 한다는 점에서 그 기준이 분명하다. 영유아 교육기관 안전사고의 경우 상해사고에 따른 치료비는 보상범위 내에서 전액 지급되고 그 초과분은 손해배상범위에서 추가지급될 수 있다. 다만 손해배상액은 그 한도를 정하고 있으며 지급기준 또한 마련되어 있다. 이것을 규정해놓은 것이 보험계약의 약관이므로 가입 시 꼼꼼히 검토해두어야 한다.

보험금을 청구할 때에는 아이의 안전사고 발생 책임이 시설 또는 교사의 책임이라는 구체적인 요건이 갖춰져 있어야 한다. 보험 이론 자체가 '과실 책임'을 기준으로 하기 때문에 보험사 입장에서는 '과실이 있어야' 금액을 산정해준다.

이러한 사실을 기초로 피보험자의 고의나 과실에 의해 발생한 손해를 보험액 한도 내에서 보험회사가 피보험자를 대신하여 피해자에게 현금으로 보상해주는 것이다. 이때 영유아 교육기관 측과 교사 측에서 책임(여기에서 책임은 도의적 책임을 뜻하는 것이 아님)을 져야 할 사유가 분명해야 비로소 보상이 이루어지는 것이 보험 적용의 전제조건임을 기본적으로 알고 있어야 한다. 그래서 사고가 났을 때 될 수 있는 한 '과실상계', 즉 피해자 측의 과실도 참작하여 보험금 산정에 반영하자는 것이 일반적인 보험사 측이 지향하는 입장이다.

　일반적으로 영아돌연사증후군으로 인한 사망사고는 형사상 책임보다는 민사상 책임을 지는 경우가 많다. 이때 송사까지 이르는 경우엔 대체로 과실 책임의 50퍼센트를 적용하고, 송사까지 가지 않은 경우엔 영유아 교육기관 측의 과실이 있다는 근거를 만들어놓으라는 것이 보험사 측의 논리라 할 수 있다. 그 책임을 금전적으로 보상해주는 것, 즉 책임이 있을 때 보험금을 지급해주는 것이 보험사의 역할이다.

　다시 말해서 보험사에서 대신해주는 책임은 도의적 책임도 아니고 형사상 책임도 아니다. 사고가 나면 보험사가 대신 책임을 져주고 보험금도 무조건 지급된다는 개념이 아니라, 오직 민사상 책임만 져주고 그 책임 안에서 금전으로 가능한 범위 안의 보상만 해준다는 뜻이다.

　모든 것이 금전적으로 보장된다고 해서 책임으로부터 자유롭다는 뜻으로 이해해서는 안 된다. 혜택을 준다는 것은 그에 따른 책임도 있다는 뜻이다. 보험이 금전적 보상을 해준다고 해서 안전 불감증이나 도덕적 해이에 빠져서는 안 될 것이다.

무과실책임주의에 입각한다 하더라도 정말 무과실이 아니라 과실이 반은 있다고 보는 것, 부모와 영유아 교육기관 간의 계약관계는 '신뢰'를 바탕으로 한 관계이므로 책임이 없어도 책임을 지는 것, 위험에 대해 공동의 책임으로 가지고 가는 것, 이것이 영유아 교육기관 사고를 바라보는 기본 입장이다.

적절한 보험가입 및 보험에 대한 지식은 아이들의 안전을 지키고 피해를 최소화시키기 위한 노력의 일환이다. 이제 영유아 교육기관 원장과 보육교사라면 보험에 대한 전문지식도 어느 정도 갖추고, 상품내역과 보험정보 정도는 확인하고 꼼꼼히 챙기는 성실함을 지녀야 할 것이다.

어린이집 안전공제회의 역할과 보상 현황

어린이집안전공제회의 역할

어린이집안전공제회는 어린이집의 안전사고를 예방하고, 사고로 인하여 생명 또는 신체에 피해를 입은 영유아 및 보육교직원 등에 대한 보상을 하기 위해 영유아보육법 제31조2에 의거하여 설립된 법인이다.

2011년 영유아보육법 개정 법률안이 국회 본회의를 통과하고 2012년부터 시행됨에 따라, 모든 어린이집은 안전공제회에 당연 가입하도록 의무화되어 합리적 보상 및 안전사고 예방을 통한 어린이집의 영유아 안전체계가 강화되었다. 어린이집안전공제회 대표공제상품인 '아이사랑 종합공제'는 어린이집에서 필요한 담보로 구성된 맞춤형 공제상품의 구성으로 어린이집 운영에서 발생 가능한 위험에 대해 대비할 수 있다. 1년마다 갱신하는 소멸성 보험이며, 지방자치단체에서 대납해주는 지역도 있다.

특히 영아돌연사증후군 사고 발생 시 보상이 불가능한 민영보험사와 달리, 어린이집안전공제회의 영유아 상해 및 배상책임 공제는 영아돌연사증후군 사고에 대해 정액보장을 함으로써 어린이집의 안정적 보육활동을 지원한다.

어린이집안전공제회의 보상 현황

❶ 영유아 배상 및 상해 관련

• 통상적인 경로를 통한 등하교 중에 일어난 안전사고도 보상

• 상해로 인한 치료 시 피공제자가 실제로 부담한 의료비를 100퍼센트 지급하고, 사고일 기준 365일 한도

• 피공제자의 시설(어린이집) 내 피공제자가 소유, 임차 또는 사용하지 아니

하는 자동차의 주차로 생긴 손해에 대한 배생책임 보상 등

• 보상하지 아니하는 손해 사유 구체화: 피공제자의 과실 등에 의한 징벌적 손해에 대한 배생책임과 채무불이행 등에 의한 확대손해에 대한 배상책임 등 공제회의 지급 면책 사유 구체화

❷ 보육교직원 상해 관련

• 어린이집 내외 업무수행 중 수업에 참여하지 않은 보육교직원의 업무상 상해에 대한 보상 근거 마련

• 피공제자(보육교직원)의 자격상실 사유 구체화: 어린이집과의 고용계약 해지 및 어린이집 운영에 관한 법률적 사유(자진폐업, 인허가 취소, 자격정지 등) 발생 시 등으로 구체화

어린이집안전공제회 공제료 및 보상 범위

상품	부과 기준	공제료	보상범위
영유아 배상 및 상해 (방과 후 아동 포함)	현원	영유아 : 4,890 원 방과 후 아동 : 3,990 원	**배상책임담보** • 대인배상 : 1인당 4억 원 한도 1 사고당 20억 원 한도 ※ 돌연사증후군 : 1억 원 보장 ※ 음식물 배상책임담보 포함 • 대물배상 : 1 사고당 500만 원 한도 **상해담보** • 치료비의 100% 보장
돌연사증후군 특약	현원	300원	1인당 1억 원 (영유아 배상 및 상해 4000만 원 포함)
보육교직원 상해	현원	11,500원	**보육활동 중** • 사망 · 장해 시 : 1.5억 원 /1인 • 치료비 : 500만 원 한도 (치료비의 90%) **보육 외 활동 중** • 사망 · 장해 시 : 3000만 원 /1인 • 치료비 : 2000만 원 한도 (치료비의 90%)

놀이시설 배상책임	정원	795원	대인배상 : 8000만 원 한도 대물배상 : 200만 원 한도
가스사고 배상책임	정원	기본 2,500원 +35원	대인배상 : 8000만 원 한도 대물배상 : 3억 원 한도
보증	경상 보조금	연 경상보조금 총액×0.319%	경상보조금 총액
화재	건물	정원	건물 유형에 따라 부과(440~520원)	사고 발생 시 감정평가액 한도
	집기		정원 기준에 따라 기본 한도 설정	가입금액 한도

※ 2016년 기준

일본스포츠진흥센터 재해공제급부 현황

일본의 경우 독립행정법인 일본스포츠진흥센터에서 공제사업을 실시하고 있다. 우리나라와 마찬가지로 어린이집(후생성)과 유치원(문부성)으로 소관 부처가 이원화되어 있다. 다만 공제기금 마련과 관련하여 자부담분에 대한 재정지원은 문부성에서 일괄하고, 그 혜택은 공유한다는 것이 특이하다.

❶ 공제부금

유아·학생 1인당 공제부금 연액 (2009년)		
종류	일반 유아 · 학생	요보호 유아 · 학생
의무 교육 제학교	920(460)엔	40(20)엔
고등학교 전일제	1,840(920)엔	
고등학교 정시제	980(490)엔	
고등학교 통신제	280(140)엔	
고등전문학교	1,880(940)엔	
유치원	270(135)엔	
보육시설	350(175)엔	40(20)엔

** (   )는 오키나와 현에 있어서의 공제부금액

❷ 급부의 대상이 되는 재해의 범위와 급부금액

사고별 재해 범위 및 급부금액

사고 종류	재해 범위		급부금액
부상	그 원인이 학교의 관리하에서 생긴 것으로 요양에 필요로 하는 비용의 금액이 5,000엔 이상인 것		**의료비** *의료보험 보통의 요양에 필요로 하는 비용의 4/10 (가까운 시일 내에 1/10 의 분은 요양에 따라 필요로 하는 비용으로서 가산되는 분) 단 , 고액요양 (소득구분에 의해 한도액이 정해져 있다.)에'요양에 필요로 하는 비용 액의 1/10'을 가산한 액 *입원 시 식사 요양비의 표준부담 액이 있을 경우는 그 액을 가산한 액
질병	그 원인의 사유가 학교의 관리하에서 생긴 것으로, 요양에 필요로 하는 비용이 5,000엔 이상인 것 중에서 문부과학 성령으로 정하는 것 *가스 등에 의한 중독 *일사병 *이물질 삼킴 또는 그와 유사한 질병 *꽃 등에 의한 질병 *부상에 의한 질병		
장해	학교 관리하의 부상 및 상단의 질병이 나은 후에 남은 장해(그 정도에 의해 제1급으로부터 제14급까지 구분)		장해위로금 3,770~82만 엔 (통학 중 재해의 경우 1,885~41만 엔)
사망	학교의 관리하에서 발생한 사고에 기인 하는 사망 및 상단의 질병에 직접 기인 으로 하는 사망		사망위로금 2,800만 엔 (통학 중 재해의 경우 1,400만 엔)
	돌연사	학교의 관리하에서 운동 등의 행위가 기인 혹은 유인이 되어서 발생한 것	사망위로금 2,800만 엔 (통학 중 재해의 경우 1,400만 엔)
		학교의 관리하에서 운동 등의 행위와 관련 없이 발생한 것	사망위로금 1,400만 엔 (통학 중 재해의 경우도 같음)

교육현장에서 발생한
영아사망사고의 손해배상책임

영아돌연사증후군 vs 질식사

사고가 일어나지 않도록 예방을 철저히 해야 하는 것은 당연하지만, 아동의 발달 특성상 사고가 불가피한 것도 사실이다. 영유아 교육기관 안전사고 중 최근 들어 더욱 문제시되고 있는 것이 바로 '영아돌연사증후군'으로 인한 사고다. 신생아가 수면 중 돌연 사망하는 영아돌연사증후군은 현대의학으로도 그 원인과 예방책을 아직 정확히 밝혀내지 못했다. 그러나 이와 관련된 사망사고가 영유아 교육기관에서 실제로 여러 건 발생하고 있고 그에 따른 손해배상책임 관련 분쟁도 늘고 있는 추세다.

영유아 교육기관에서 영아가 사망하는 사고가 발생했을 경우, 사

영아돌연사증후군에 대한 판결문 설시 내용 예시

- 자세한 병력, 부검 소견, 사망 현장의 조사로 설명이 안 되는 영아의 갑작스러운 죽음
- 영아돌연사증후군의 85퍼센트가 생후 2~4개월 사이에 일어나며, 95퍼센트가 생후 6개월 미만의 영아에게서 발생
- 엎드려 자는 자세는 똑바로 누워 자는 자세에 비하여 기도 보호 반사(Airway Protection Reflection)와 혈관운동 긴장도(Ventilatory Response to Asphyxia), 각성반응(Arousal Response) 등의 감소와 아울러 발열 스트레스와 심장박동수의 증가 등의 원인이 복합적으로 작용하여 영아돌연사증후군의 발생 위험률을 높이는 것으로 추측되고 있음
- 엎드려 자는 아기는 똑바로 누워 자는 아기보다 영아돌연사증후군의 발생빈도가 3배 이상 많다고 알려져 있음
- 1992년 미국 소아과학회가 수면 시 똑바로 눕히는 운동을 전개한 이후 영아돌연사증후군의 발생빈도가 상당히 감소하였으나, 4개월 이후 영아의 경우 1992년부터 2001년 사이에 영아돌연사증후군 발생빈도는 별다른 진전을 보이지 않고 있음

망의 직접적인 원인이 영아돌연사증후군인가 질식사인가에 초점이 맞춰지는 경우가 많다. 그리고 사고의 원인보다 그 책임(형사, 민사) 여부를 가리는 쪽에 더 무게를 두는 경향이 두드러져 안타깝다.

다음은 어린이집에 맡겨진 영아가 영아돌연사증후군으로 사망한 사례다.

어린이집에서 잠을 자던 생후 5개월 된 영아가 수면 중 호흡곤란 상태에 빠진 후 사망했다. 아이의 사인은 영아돌연사증후군으로 판명되었으며, 어린이집 측의 손해배상책임이 인정되었다.

사고 당시 아이는 감기 증세로 인해 감기약을 먹은 후였으며, 부모가 아이를 어린이집에 맡기면서 '모유와 감기약을 먹은 상태이니 잠을 충분히 재워달라'고 부탁한 상태였다.

당시 보육교사는 아이를 엎어 눕혀 재운 다음 방에 홀로 두고 문을 닫고 나왔는데, 원장과 보육교사는 평소에도 이 아이를 이와 같이 엎어 재웠다고 했다. 아이가 자는 사이 다른 원아 2명이 어린이집에 도착했기에 보육교사는 1시간가량 그 아이들을 돌본 후 다시 방으로 들어갔다가 아이의 눈가에 멍 자국이 생긴 채 축 늘어져 있는 것을 발견했다. 아이는 얼굴에 청색증을 띠고 호흡 및 맥박이 정지된 상태로 병원으로 후송되었으나 사망했다. 당시 아이를 진찰한 의사는 아이의 사인을 '미상'이라 기재했으며, 국립과학수사연구원 부검의는 아이의 사인을 영아돌연사증후군으로 보는 것이 합리적이라는 의견을 제시했다.

원장과 보육교사는 아이를 수시로 관찰하고 있었으며, 과실이 있다 하더라도 사인이 영아돌연사증후군이므로 인과관계가 없다고 주장했다. 그러나 아이의 부모는 6개월 미만의 영아를 엎어 재운 후 방 문을 닫은 채 방치했다는 점, 아이가 축 늘어져 있는 것을 발견한 뒤 119에 신고해 병원에 후송되기까지 1시간가량이 지연되었다는 점에서 어린이집 측의 관리감독 소홀을 주장했다.

　재판부에서는 이 아이가 위탁될 당시 감기약을 복용한 상태로 평소보다 건강이 약화되어 있고 호흡 장애가 있었던 것으로 보였던 점, 어린이집 측에서 이를 충분히 숙지할 수 있었으므로 아이를 엎어 재웠다면 옆에서 계속 관찰했어야 함에도 불구하고 1시간이나 방에 홀로 두었다는 점, 영아를 엎어 재우면 영아돌연사증후군으로 사망할 가능성이 높아진다는 점, 사인이 영아돌연사증후군이라 하더라도 질식사 역시 사망원인으로 배제할 수 없다는 점 등을 고려하여, 비록 아이의 사망과 관련된 행위에 대해서 어린이집 측이 무죄라 할지라도 원장과 보육교사로서 주의의무를 게을리했다고 볼 수 있으므로 원장에게 손해를 배상할 책임이 있다고 판결했다.

　다음 사례는 6개월 된 영아가 어린이집에서 갑자기 호흡곤란에 빠진 후 수년 뒤에 사망한 사고인데, 여러 가지 정황상의 특수함 때문에 어린이집 원장에게 손해배상책임이 없다는 판결이 나왔다.

워킹맘인 아이 엄마가 급한 직장 문제로 인해 6개월 된 아이를 어린이집에 맡겼는데, 시간 사정상 아이에 관한 상담을 제대로 하지 못하고 입학원서도 미처 작성하지 못한 상태에서 아이를 맡긴 후 출근했다. 그런데 아이 엄마가 어린이집을 떠난 직후부터 아이가 계속 울기 시작해 원장이 이유식과 우유를 먹여도 계속 뱉어냈다. 다른 아이들에게 간식을 주기 위해 아이를 침실에 눕히고 다른 방으로 갔는데, 아이 울음소리가 들리지 않아 처음에는 잠이 든 줄 알았다가 자세히 관찰한 결과 호흡곤란 상태에 있는 것을 발견했다. 이후 아이는 병원으로 옮겨져 수차례의 수술을 받았으나 뇌성마비 상태에 이르렀고 약 6년 후 사망했다.

아이의 어머니는 어린이집 측의 과실로 아이가 사망에 이르렀다고 주장했다. 그러나 통상 생후 6개월의 영아를 어린이집에 처음 맡기는 경우 아이에 대한 상담 등 여러 가지로 신경을 써야 했음에도 불구하고, 어머니가 약속 시간보다 늦게 도착했을 뿐만 아니라 도착 후에도 상담이나 입학원서 등 서류작성도 불가능할 정도로 시간에 쫓기고 있었던 점, 두부 외상의 경우 의식 명료기가 있어 수시간 내지 수일 후에도 증상이 나타날 수 있으며 지연성 출혈의 가능성도 있다는 점 등 여러 정황이 고려되었다.

그 결과 아이가 이 어린이집에서 흔들린아이증후군 등의 두부

흔들린아이증후군

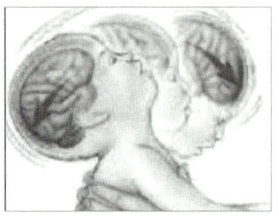
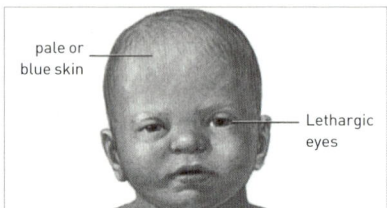

흔들린아이증후군은 흉부, 어깨, 사지를 잡고 영아를 세게 흔들어서 발생하는 뇌 손상을 말한다.

영아의 머리는 체중의 10퍼센트에 해당하는 비중을 차지한다. 어른의 머리가 체중의 2퍼센트에 해당하는 것과 비교해보면 꽤 무겁다는 것을 알 수 있다. 하지만 무거운 머리에 비해 목 근육은 약하기 때문에 머리가 심하게 흔들렸을 때 쉽게 손상을 받을 수 있다. 즉 머리가 심하게 흔들리면 가속과 감속으로 인해 뇌가 두개골에 부딪히게 되어 뇌에 전후 좌상을 일으키며, 이 영향으로 뇌출혈을 야기할 수 있다.

흔들린아이증후군은 부모의 약물 남용이나 스트레스가 높을수록 발생 가능성이 높다. 또한 아이가 달래지지 않는 경우 흔들린아이증후군의 위험성이 증가하고, 보육에 미숙한 사람이 아이를 봐주는 경우에도 흔들린아이증후군의 위험이 높아진다.

흔들린아이증후군의 증상으로는 잘 못 먹거나 빨지 못하거나 삼키지 못하는 증상, 구토, 기면이나 불안함, 저체온, 잘 자라지 못하는 것, 잠이 느는 것, 깨기 어려운 것, 웃거나 말하는 것을 잘 못하는 것 등이 있으며, 더 심한 경우 의식의 저하, 발작, 혼수, 천문의 돌출, 무호흡, 서맥, 심혈 관계의 허탈을 포함한다.

외상을 받았을 가능성을 배제할 수 없다는 정도에 불과할 뿐, 아이의 호흡부전이 어린이집 측의 과실로 추정되지 않는다는 판결이 나왔다.

재웠을 당시 영아의 자세가 중요하다

영아돌연사증후군으로 판정이 났을 때에는 형사책임은 면한다 할지라도 아이를 안전하고 건강하게 돌볼 것을 전제로 한 계약을 부모와 체결했다는 점에서 업무상과실로 인한 채무불이행 사유가 성립될 수 있으며, 그에 따라 손해배상책임을 면하기 어려운 경우가 많다. 또한 일반적 정서상 아이를 좀 더 잘 보살폈어야 하지 않았나 하는 자책감과 도의적 책임에서도 결코 자유로울 수 없을 것이다.

사망 원인이 영아돌연사증후군이 아닌 질식인 것으로 판명되었을 때, 보육교사와 원장의 과실은 더욱 확실해진다.

다음은 일본의 어린이집에서 일어난 영아사망사고 사례다. 당시 어린이집 측은 아이의 사인이 영아돌연사증후군이라고 주장했고 부모 측은 질식사라고 주장했으나, 결국 영아돌연사증후군으로 인한 사망이 아닌 질식사로 판명되어 어린이집 측의 손해배상책임이 인정된 사례다.

일본 나가사키의 한 어린이집에서 보육교사가 생후 4개월 된 영아를 엎드려 눕힌 후 다른 원아를 돌보기 위해 잠시 자리를 비웠다가 돌아오자, 아이가 눈을 감고 얼굴이 창백해져 있는 것을 발견했다. 아이를 어린이집 옆에 있는 병원으로 데려갔으나 심박과 호흡이 돌아오지 않은 채 사망했다. 재판부는 어린이집 측의 손해배상책임을 인정했다.

사망 당일 아이는 부모에게서 보육교사에게 인도된 후 계속 격렬하게 우는 상태였다. 담당 보육교사는 오랜 경험을 지닌 전문가로서 영유아를 엎어 재우는 것이 질식사의 위험성을 높일 수 있음을 인식하고 있었고, 평소 이 아이를 돌볼 때에도 엎드린 자세로 하여 약 1분 정도 놀게 한 적은 있었지만 그때는 아이에게서 눈을 떼지 않았었다. 그러나 사고 당시에는 이 아이를 침대 위에 엎드린 자세로 눕힌 뒤 다른 원아의 급식 시중을 들거나 자리를 비우는 등 아이를 계속 주시하고 있지 않았다.

후쿠오카 재판부는 부검 소견뿐만 아니라 사망 시의 상황, 엎드려 재웠는지 여부까지 고려하여 영아돌연사증후군이 아닌 질식사로 판단, 담당 보육교사가 아이의 동정을 충분히 주시하지 않은 과실과 주의의무를 다하지 않았다는 사실을 인정하여 보육교사와 어린이집 측의 손해배상책임을 인정했다.

다음 사건 역시 일본의 한 보육시설에서 일어난 영아사망사건으로, 아이를 엎드려 재운 것이 쟁점이 되었으며 결국 어린이집 측의 손해배상책임이 인정되었다.

일본 오사카의 무인가 보육시설에서 생후 5개월 된 남아가 엎드려 자다 뇌사상태에 빠졌다. 부모가 아이를 맡길 당시 보육교사 자격증이 있는 원장은 부재중이었고 보육교사 자격증이 없는 여직원 두 명이 아이를 돌보았는데, 아이가 엎드려 자고 있는 것을 보았으나 바로 눕히지 않았다가 1시간 후 아이의 호흡이 멈춘 것을 발견했다. 아이는 병원으로 이송되었으나 심부전과 허혈성뇌혈관장애 등으로 뇌사상태에 빠져 회복되지 못한 채 이듬해 사망했다. 부검을 맡은 의사는 사인에 대해 질식 의심, 저산소성뇌증이라는 소견을 보였다.

아이의 부모는 소송을 제기하면서 보육교사 자격증이 없는 사람들로 하여금 아이를 돌보게 하고, 엎드려 자는 아이를 바르게 재우지 않은 것은 일본 정부가 2002년 개정한 무인가 보육시설의 지도감독기준에 위반한 위법사항이라고 주장했다. 한편 어린이집 측은 일단 보육 상황에 대해서는 인정했으나, 사인에 대해서는 '질식'이 아니라 건강한 영아가 수면 중에 급사하는 '영아돌연사증후군'일 수 있다고 반론했다. 부모는 조기 해결을 원했고, 원장과 직원 두 명은 사고 책임을 인정하고 사죄했으며, 아이의 부모가 보육시설 측에 약 6,400만 엔의 손해배상 청구소송을 제기하자 어린이집 측에서 5,979만 엔을 지불하기로 했다. 합의금 중 1,000만 엔은 직원 두 명이 지불하는 것으로 했다.

이처럼 영유아 교육기관에서 영아의 안전사고와 관련된 사건에서는 당시의 정황과 아이의 건강상태 등이 민감하게 다루어지는 경우가 많고, 아이에게서 이상 징후를 발견한 직후에 보육교사가 어떻게 대처했느냐가 중요한 관건이 되곤 한다.

이때 가장 핵심이 되는 것은 아이를 엎어 재웠는가, 바로 눕혀 재웠는가 하는 점이다. 사고 발생 당시 아이를 엎어 재웠다면, 특히 아이를 엎어 재운 상태에서 지속적으로 관찰하지 않고 자리를 비웠다면 보육교사가 책임을 면하기 어려운 경우가 대부분이다.

똑바로 눕혀 재웠더라도 음식물을 먹인 직후라면 업무상 과실

영아를 돌보는 보육교사라면 아이를 엎어 재울 경우 영아돌연사증후군 위험이 커진다는 매뉴얼을 항상 숙지하고 있어야 한다. 그런데 똑바로 눕혀 재우는 경우라 하더라도 음식물을 먹인 직후에 재웠는지가 중요하게 다뤄진다.

다음은 모유를 먹인 후 눕혀 재운 아이가 식도를 통해 모유가 역류하여 사망한 사례다.

어린이집에서 보육교사가 생후 4개월 된 영아에게 모유를 먹인 후 눕혀 잠을 재우던 중 모유가 식도를 통해 역류하면서 기도폐색으로 인해 사망했다.

영아에게 모유를 먹인 후 바로 재우는 경우 기도폐색이 발생할 가능성이 있다. 어린이집 원장은 보육교사로 하여금 피해자의 동태를 지속해서 관찰하게 하여 구호조치를 취할 수 있도록 해야 함에도 피해자를 재우고 방문을 닫은 채 15분가량 홀로 방치했기에 보육에 있어서 업무상과실이 인정되었다.

일본에서 일어난 다음의 사례 역시 음식물이 원인이 되어 영아가 사망한 경우다.

2003년 일본 와카야마 현의 한 어린이집에 8개월 된 영아가 수면 중 구토로 인해 질식사했다. 이 어린이집의 원장 및 당시 보육을 맡은 원장 남편의 업무상과실치사상죄가 인정되었다.

당시 아이를 돌봤던 사람은 원장의 남편으로 보육교사 및 간호사 자격증을 갖고 있지 않았다. 원장의 남편은 야간에 맡겨진 아이를 돌보던 중, 자신이 먹고 있던 컵라면 등의 야식을 아이가 먹고 싶어 하는 기색을 보이자 라면을 젓가락에 감아 먹이고 초콜릿 조각과 비스킷 등을 먹인 후, 아이를 침대에 똑바로 누이고 재웠다. 약 2시간 후 아이의 호흡소리가 거칠어진 것을 발견하고 안아 일으켰으나 의식이 없었으며, 등을 강하게 두드리고 침대 위에 구토하게 하자 아이는 아직 소화되지 않은 면이 포함된 내용물을 구토했다. 그 후 인공호흡을 시도했으나 의식이 돌아오지 않았고 구급차를 불러 병원으로 이송했으나 심폐정지 상태가 계속되었다. 결국 수면 중 토사물에 의해 기도가 폐쇄되어 저산소뇌장해에 의해 사망에 이르게 되었다.

재판부는 원장의 과실에 대해 보육교사 자격증이 없는 종사자 혼자 아이의 보육을 맡게 하는 등의 업무상 주의의무를 게을리한 점, 아이를 돌보고 있었던 남편의 과실에 대해서는 아이를 재우기 전에 음식물을 먹이고 그대로 재워 구토의 원인을 제공한 점을 지적했다. 특히 원장의 남편이 아이에게 음식을 먹인 사실, 아이가 음식을 먹은 후 곧바로 잠이 들었으며 그 후 아이의 구토물에 음식물이 포함되어 있었던 점 등을 종합했을 때, 구토의 주된 원인이 자기 전의 음식 섭취였던 것으로 인정되었다. 이에 어린이집 원장과 원장

의 남편 두 사람 모두 민사상 손해배상을 하는 데 동의했으며 각각
금고 10월과 집행유예 3년에 처해졌다.

사고 직후 응급조치의 중요성

다음 사례처럼 사고 직후 응급처치가 미흡했거나 병원 후송까지의
시간이 조금이라도 지체되었다면 영유아 교육기관 측의 과실은 더
확실해지게 된다.

> 생후 4개월 된 영아가 영아전담 보육시설에서 엎드려 자던 중 호흡장
> 애를 일으켰다. 이상 징후를 발견한 보육교사는 원장에게 휴대전화로
> 연락했고, 근처에 있던 원장은 수 분 후 도착해 아이를 차에 태우고
> 약 2킬로미터 떨어진 곳에 있는 소아과 병원으로 데려갔다. 아이는
> 병원으로 옮길 당시에 이미 호흡정지 상태였으며 이후 사망하였다.
> 이 사건에서 보육시설 측의 손해배상책임이 인정되었고, 행정책임도
> 인정되어 '인가 외 보육시설 지도감독기준 인증서'를 반환하게 했다.

이 사건의 쟁점 사항은 아이의 이상 징후를 발견한 교사가 즉시
119에 신고하지 않고, 원에서 약 1.2킬로미터 떨어진 곳에 있는 원
장에게 먼저 연락해 그 원장이 급히 돌아와 구급차를 불렀다는 사

실이다. 아이의 이상 징후 발견 시각부터 병원 도착 시까지 인공호흡 등의 소생 조치가 전혀 이루어지지 않았는데, 곧바로 구급차를 부르도록 지시하지 않은 것에 대해 원장은 "설마 그렇게 엄청난 사태로까지 발전하리라고는 생각하지 못했다"라고 말했다. 발견한 보육교사 또한 "우선 원장에게 연락하자는 생각에 119는 부르지 않았다. 구급차를 부르는 것이 좋겠다고 다시 전화하려던 때에 마침 원장이 돌아왔다"라고 설명했다. 이 대응에 대해 다른 직원 간에도 "우선 구급차를 불렀어야 했다"라는 이야기가 나왔으며, 소방본부 측도 "이번과 같은 상황에서는 곧바로 119로 통보하는 것이 일반적"이라고 밝혔다.

손해배상책임이 인정된 사례

다음에 제시하는 판례는 앞서 잠시 소개한 바 있는 서울 소재의 어린이집에서 발생한 5개월 영아의 수면 중 사망사고의 판결 과정과 손해배상에 대한 내용을 구체적으로 기술한 것이다.

이를 통해 어린이집에서 영아사망사고가 일어났을 때 원고와 피고 간에 어떠한 주장과 다툼이 오갈 수 있다. 특히 표시한 부분을 주의 깊게 살펴 차후 어린이집 보육현장에서 발생할 수 있는 사건사고를 미연에 방지하는 데 도움이 되도록 하자.

사건의 개요

어린이집에서 생후 5개월 된 영아가 수면 중 사망했다. 보육교사는 망아를 방 안에 재웠다가 축 늘어져 있는 것을 발견한 뒤 10시 03분 119에 신고전화를 했다. 망아는 10시 18분경 호흡과 맥박이 정지된 상태로 병원으로 후송되었으나 같은 날 10시 19분경 사망했다. 원고는 망아의 부모와 형이며, 피고는 어린이집의 운영자와 보육교사다. 피고 원장과 보육교사는 업무상 과실로 이 사건 사고가 일어나게 했다는 이유로 공소제기되었으나 무죄 판결을 선고받았고, 검사가 한 항소 및 상고가 기각됨으로써 판결이 확정되었다.

1. 당사자들의 주장

(1) 원고의 주장

피고 원장과 교사는,

❶ 영유아의 양육과 보호를 업으로 하는 자들로 전문적 지식과 경험을 가진 바, 6개월 미만의 영아인 망아를 엎어 재우지 말아야 함에도 엎어 재운 후 방문을 닫은 채 망아를 방치하였다.

❷ 망아가 축 늘어져 있는 것을 발견하였음에도 즉시 망아에게 응급조치를 취하거나 119에 구조신고를 하지 아니한 채 약 1시간 동안 망아를 방치한 과실이 있다. 피고는 이러한 과실 또는 피고용자인 보육교사에 대한 관리·감독을 소홀히 한 과실로 망아를 사망에 이르게 하였으므로, 이러한 불법행위로 인하여 망아 및 원고들이 입은 손해를 배상할 의무가 있다.

(2) 피고의 주장

피고 원장 및 보육교사는 망인을 수시로 관찰하였으므로 과실이 없고, 과실이 있다 하더라도 이 사건 사고는 영아돌연사증후군에 의한 것으로 그러한 과실과 원고들의 손해 사이에는 인과관계가 없다.

2. 손해배상책임의 발생

(1) 인정 사실

1) 사고의 발생 경위

❶ 원고인 망아의 부모는 매일 오전 8시부터 저녁 7시까지 피고가 운영하는 어린이집에 원고인 망아의 형과 망아를 맡겨왔는데, 이날도 원고인 망아의 형과 망아를 이 어린이집에 맡기면서 피

고에게 망아가 모유와 감기약을 먹은 상태이니 잠을 충분히 재워달라고 부탁하였다.

❷ 망아는 이 무렵 기침과 콧물이 3일간 지속되어 병원에서 7일분의 감기약을 처방받은 상태였다.

❸ 피고인 보육교사는 오전 8시경부터 9시경까지 망아를 달래서 재운 뒤 방에 데려가 매트리스가 깔려 있는 바닥에 망아의 팔을 뺀 몸 부분을 면 포대기로 감싸고 고개를 오른쪽으로 돌리게 하여 엎어 눕힌 다음, <u>망아를 홀로 방 안에 두고 문을 닫고 나왔다.</u> 피고 원장과 보육교사는 평소에도 망아를 위와 같이 엎어 재워왔다.

❹ 보육교사는 망아를 방에 재운 사실을 피고 원장에게 말하였고, 원장은 보육교사에게 영아가 잠을 깰 염려가 있으니 망아가 자는 방에 우는 아이를 데리고 들어가지 말라고 하였다.

❺ 망아가 자는 동안 다른 아이 2명이 어린이집에 도착하였고, 보육교사는 이 2명의 아이들을 1시간 정도 돌본 뒤 9시 50분경 이들도 함께 재우기 위하여 망아가 자는 방으로 들어갔다.

❻ 보육교사는 잠을 자던 망아가 얼굴을 바닥에 곧장 숙이고 왼쪽 눈가에 멍자국이 풀릴 때 나타나는 것과 같은 누리끼리한 자국이 생긴 채로 축 늘어져 있는 것을 발견하고 바로 피고 원장에게 말하였다. 피고가 망아의 얼굴을 두드려본 후

보육교사에게 망아가 숨을 쉬지 않으니 119에 신고하라고 하자, 10시 3분경 119에 신고하였다.

❼ 망아는 119 구조대원이 현장에 도착한 10시 8분경 무호흡, 무맥박, 동공무반응, 심전도상 무수축 상태로 얼굴에 청색증을 띠고 있었고, 10시 18분경 병원에 후송되었으나 사망하였다.

2) 전문가들의 의견

❶ 망아의 사망 당시 망아를 진찰한 의사는 사체검안서에 직접 사인을 '미상'이라 기재하였다.

❷ 국립과학수사연구원 부검의는 망아가 폐기관지에 염증세포가 침윤된 소견을 보였으나, 부검 당시 사인으로 단정할 만한 뚜렷한 이상 소견이 없고, 망아의 수사기록에서도 객관적인 사인을 추정해볼 만한 단정적인 근거를 찾지 못하였으므로 망아의 사인을 영아돌연사증후군으로 보는 것이 합리적이라는 의견을 제시하였다.

※ 인정 근거: 다툼 없는 사실, 증인들의 증언, 피고 당사자 본인 신문 결과, 이 법원의 병원장, 한국유아교육학회장에 대한 사실조회 결과, 변론 전체의 취지에 근거한다.

(2) 피고의 주의의무 위반

1) 어린이집 교사는 영유아를 친권자로부터 위탁받아 친권자를 대신하여 수유 및 휴식, 놀이, 수면 등 망인의 전 생활을 인수받게 되고, 이에 따라 영유아는 어린이집에 도착한 순간부터 보호자에게 다시 돌아갈 때까지 피고의 지배 영역하에 있게 된다. 영유아는 자신의 생명이나 신체를 외부의 위험으로부터 보호할 수 있는 능력이 거의 없어 모든 생활을 친권자에게 전적으로 의존할 수밖에 없고, 친권자가 영유아를 어린이집에 위탁한 경우에는 어린이집에서 그와 같은 책임을 인수하게 되므로 영유아를 보육하는 어린이집의 원장 및 보육교사는 생명·신체에 대하여 친권자에 준하는 보호감독 의무를 진다. 영유아보육법 제13조 제1항에서 국공립어린이집 외의 어린이집을 설치·운영하려는 자는 시장·군수·구청장의 인가를 받도록 규정하고 있고, 위 법률 제17조 내지 제21조에서 보육교사의 자격요건 등을 규정하고 있는 것도 같은 취지로 볼 것이다.

2) 따라서 영유아를 보육하는 어린이집의 원장 및 보육교사는 영유아를 홀로 방치하지 말고 곁에서 발생 가능한 위급 상황에 대비해야 할 뿐만 아니라, 각종 영아 사망의 원인 등에 대한 지식을 갖추고 그 사고율이 낮아지도록 조치를 취할 주의의무가 있다.

3) 특히 영유아에게 어떤 질병이 있어 건강상태가 약화된 경우에는 위와 같은 주의의무가 더욱 가중된다고 보아야 한다.

(3) 판단

1) 불법행위에 따른 형사책임은 사회의 법질서를 위반한 행위에 대한 책임을 묻는 것으로서 행위자에 대한 공적인 제재(형벌)를 그 내용으로 함에 비하여, 민사책임은 타인의 법익을 침해한 데 대하여 행위자의 개인적 책임을 묻는 것으로서 피해자에게 발생된 손해의 전보를 그 내용으로 하는 것이고, 따라서 손해배상제도는 손해의 공평·타당한 부담을 그 지도 원리로 하는 것이므로, 형사상 범죄를 구성하지 아니하는 침해행위라고 하더라도 그것이 민사상 불법행위를 구성하는지 여부는 형사책임과 별개의 관점에서 검토되어야 한다.

2) 이 사건에 관하여 살피건대, 위 인정사실에서 알 수 있는 다음과 같은 사정 즉,

❶ 망아는 어린이집에 위탁될 당시 감기에 걸려 감기약을 복용한 상태로 건강이 약화되어 통상의 경우보다 호흡에 장애가 있었던 것으로 보일뿐더러 수면 중에 호흡곤란을 느끼는 경우에도 쉽게 뒤집거나 기도를 확보하기가 어려웠던 것으로

보이는 점,

❷ 피고는 이러한 점을 충분히 숙지할 수 있었으므로 망아를 엎어 재우는 경우에는 바로 옆에서 계속하여 관찰해야 함에도 불구하고 망아를 그러한 상태로 방 안에 홀로 두고는 한 시간 동안이나 먼발치에서 몇 번 들여다본 것 외에 방치하였던 점,

❸ 영아를 엎어 재우는 경우 영아돌연사증후군으로 사망할 가능성이 증가하는 점,

❹ 망아가 사망할 당시 망아의 왼쪽 눈가에 멍자국이 풀릴 때 나타나는 것과 같은 누리끼리한 자국이 남아 있었으며, 얼굴에는 청색증을 띠고 있는 등으로 질식사의 가능성 역시 배제할 수 없는 점,

❺ 사망의 경우 '영아돌연사증후군'의 의미는 성인이 사망한 경우 '사인불명'과 유사한 것으로, 이 사건의 경우 망아를 엎어 재움으로써 영아돌연사증후군의 가장 일반적인 형태인 호흡 문제로 인한 사망 이외에는 그 사망 원인을 찾을 수 없고, 망아의 직접사인이 '미상'이라거나 망아에 대한 부검 결과 사망 원인을 '영아돌연사증후군'으로 본다는 것이 이러한 사망 원인을 부정하는 것은 아니라는 점 등을 고려하면, 비록 망아의 사망과 관련한 행위에 대하여 피고에게 무죄판결

이 선고되었다 하더라도 피고에게는 망아를 돌봄에 있어 어린이집 원장이자 보육교사의 사용자로서의 주의의무를 게을리한 사실이 있고, 이와 같은 과실로 망아를 사망에 이르게 하였다고 봄이 상당하므로, 피고는 원고들 및 망아가 입은 손해를 배상할 책임이 있다(피고가 망아의 사망을 9시 5분경 발견하였음에도 한 시간 동안 망아에게 어떠한 응급조치를 취하지 아니하고 망아를 방치하였는지 여부에 관하여 살피건대, 병원 의무기록상 피고가 9시 5분경 망아가 늘어져 있는 것을 발견하였다고 진술한 것이 기재되어 있는 사실은 인정되나, 위 의무기록에 "어린이집 교사 진술: 어린이집에서 8시 55분경 재웠고, 그 후 다른 아이 2명이 어린이집에 도착하여 위 2명을 한 시간 정도 돌보다가 망아가 사망한 것을 발견하였다"라고 일관되게 진술하고 있는 점 등을 고려하면, 앞서 인정된 사실만으로 피고가 망아의 사망을 발견하였음에도 망아에게 응급조치를 취하지 않고 방치했다고 인정하기는 부족하고, 그 밖에 이를 인정할 증거가 없으므로 원고의 주장은 이유 없다).

위의 경우에서 보더라도 어린이집에서 영아에게 사고가 발생했을 경우 아이를 엎어 재운 것, 엎어 재웠을 때 지속적으로 관찰하지 않고 시간이 얼마가 되었든 잠시라도 자리를 비운 것, 이상 징후

발견 직후 119에 신고했는지 혹은 조금이라도 지체되었는지의 여부 등이 가장 커다란 쟁점이 되었음을 알 수 있다.

이는 보육시설에서 발생하는 모든 종류의 영아 사고에 있어서 공통적으로 문제시될 수 있는 사항들이다.

특히 아이가 감기 기운이 있는 등 평소와 건강 상태가 조금이라도 다르거나 약을 복용했거나 음식물을 섭취한 직후라면 더더욱 주의를 기울여야 한다. 어린이집에서의 영아돌연사를 예방하기 위해 보육교사들은 이 점을 항상 염두에 두며 사고 예방에 만전을 기해야 할 것이다.

영아돌연사증후군 사례의 검토

- 대체로 형사적으로는 검찰 단계에서 혐의 없음으로 처분되거나 공소가 제기되더라도 무죄 판결로 가는 경향.
- 민사는 사안별로 원고 청구 기각과 책임이 인정되더라도 책임을 제한하여 손해배상을 명하고 있음.
- 주로 주장되는 과실 내용 : 엎어서 재운 점. 부드러운 침구 등을 사용한 점. 경과 관찰상의 과실(보육실을 비우는 행동 등) 그 밖의 발견 후 조치의 지연.

가장 중요한 것은
합리적인 손해배상과 사회적 치유

영유아 교육기관에서 안전사고가 발생했을 때 가장 안타까운 점은 분쟁의 객관적인 상황과 사후처리 과정은 제대로 알려지지 않은 채, 사고 자체만 과장 및 확대되어 선정적으로 보도되는 경우가 많다는 점이다.

이런 경우 부모들의 분노를 자극하고 영유아 교육기관에 대한 뿌리 깊은 불신을 조장하는 데 있어서는 효과적일지 모르나, 문제를 해결하고 재발을 방지하며 상처받은 당사자들을 보호하여 보다 나은 보육환경을 만드는 데 있어서 얼마나 좋은 효과를 낳을 수 있는지는 의문이다.

물론, 사고 자체가 중대하고 심각해 변명은 고사하고 같은 보육교사 입장에서 보더라도 도저히 납득할 수 없는 경우도 있다. 그러나 사회적으로 여론화되고 매스컴에 자극적으로 보도되는 사건의 대부분은 사실 알고 보면 사고 처리에 대한 피해자와 그 가족의 불만에서 비롯되는 경우가 상당수다. 손해를 해결하는 방법과 과정에 있어 피해자가 만족할 만한 법적, 심정적 보상이 제대로 이루어지지 않은 데서 비롯된 것이다.

현장 보육교사가 반드시 알아둬야 할 점은 안전사고가 발생하면 책임소재에 따른 손해배상책임이 반드시 발생한다는 사실이다.

이때 겉으로 보기에는 책임의 주체가 영유아 교육기관 측으로 대표되는 것처럼 보일 수 있다. 하지만 사건이 분쟁으로 이어질 때에는 그 세부적인 책임의 소재가 영유아 교육기관 보육교직원 즉 대표자, 원장, 담임교사 등으로 나뉘게 된다. 그래서 원장이 갖는 책무와 교사가 지는 책임감은 그만큼 다를 수 있다고 여겨졌으며 이 자체가 주는 시사점도 크다고 하겠다.

과거에는 영유아 교육기관에서 안전사고가 발생했을 때 그 책임을 지기 위해 영유아 교육기관 원장이 아이의 치료비는 물론 손해배상을 위해 10년이 지나서까지 채무를 변제하는 경우도 있었다. 심지어 사고 당시의 교사가 이것이 두려워 해당 어린이집을 그만두고 잠적해버리는 일도 있었다.

오늘날은 사고 책임의 대부분이 보험 처리로 커버가 되고 있다.

고의에 가까운 중과실책임을 제외한 대부분의 책임은 무과실책임이며, 이러한 기준에 의해 손해배상이 이루어지고 있다. 천재지변과도 같은 영아돌연사증후군으로 인한 사고라 할지라도 보육교직원은 무한책임의 차원에서 그 보상 노력을 해야 하는데, 영아돌연사의 경우 그 손해배상의 기준은 이미 법적 책임보다도 도의적 책임에 더 가깝다고 해야 할 것이다. 이러한 정확한 법률적 현실은 영유아 교육기관 보육교사들뿐만 아니라 학부모들, 나아가 사회 전체 구성원들도 알아둬야 할 하나의 상식이다.

이에 더 나은 보육환경으로의 발전을 위해 다음과 같은 점들을 알아두고 사회적 공감대를 형성했으면 하는 바람이다.

첫째, 영유아 교육기관 안전사고의 사후처리 과정은 책임을 누가 지느냐의 여부를 넘어 손해와 아픔을 최소화하기 위한 방향으로 나아가야 한다. 이를 위해서는 일방적인 비난이나 책임 회피로 갈 것이 아니라 피해를 입은 아이 혹은 아이를 잃은 부모를 위한 상호 간의 법적, 심정적 노력이 전제되어야 한다.

둘째, 안전사고의 재발을 방지하고 안전사고가 줄어들 수 있는 보육환경을 만들기 위해서는 보육교사 개인만이 아니라 국가와 지역사회의 지원도 동시에 이루어져야 한다는 점을 알아주었으면 한다. 그런 의미에서 우리 사회에 만연되어 있는 '무조건 네 탓이다'라는 식의 책임전가 사고방식 및 마녀사냥 식의 여론몰이는 자제해야 할 것이다. 그보다는 우리 아이들에게 불행한 사고가 일어나게 된 근본적인 원인과 해결책에 대해 사회 전체가 함께 고민하고 함께 해결하는 문화가 형성되어야 한다.

셋째, 안전사고가 발생했을 때의 일차적인 피해자는 물론 아이와 보호자다. 그러나 아이를 맡아 돌보던 보육교직원에게도 이루 말할 수 없는 정신적 충격이 올 수 있다는 점을 아직 우리 사회는 공감해 주지 못하고 있다. 불행한 사고가 발생하기까지의 환경적 요인은 무엇인지, 보육 시스템에 있어서의 문제는 없었는지에 대해서도 원인을 찾는 노력이 있어야 할 것이며, 보육교사가 겪게 된 정신적 고통에 대해서도 공감할 수 있는 사회 여론과 문화가 형성되었으면 한다.

넷째, 소중한 아이를 잃은 슬픔에 잠긴 부모와 가족은 물론이고, 보육하던 아이에게 일어난 일로 인해 심리적 충격을 받은 보육교직원들을 위로하고 격려할 수 있는 공적 서비스 지원이 절실하다. 보육시설에서 일어난 일을 단지 보육교사 개인이나 한 가족만의 문제로 치부하지 말고 부모와 보육교직원에게 사회적인 지지와 격려를 해줌으로써 슬픔을 극복하고 일상으로 복귀할 수 있도록 사회가 나서서 도와야 한다.

이 모든 것은 금전적인 보상 외에도 소중한 사람들을 위한 위로와 치유라는 측면에서 바라봐야 함을 간과하지 말아야 할 것이다.

영아돌연사증후군 예방을 위한 체크리스트

- 등을 대고 똑바로 눕혀 재운다. 엎드려 자거나 옆으로 자고 있는 영아가 있는지 확인한다.
- 건강상태를 체크한다. 평소 허약하거나 최근 병원진료를 받고 온 영아가 있는지 확인한다(특별히 주의해야 하는 영아 : 감기나 호흡기 질환, 기타 질환이 있는 영아).
- 표면이 딱딱한 침구를 이용한다.
- 자는 동안 영아의 얼굴과 머리가 이불에 덮이지 않도록 한다.
- 아이 주변에 숨이 막힐 수 있는 제품을 비치하지 않는다. 아이 주변에 부드러운 물건 및 인형, 느슨한 이불이나 베개, 헐거운 침구류 등은 없는지 확인하고 잠자리에서 제거한다.
- 적절한 수면환경을 조성한다. 실내 온도를 너무 덥지 않게 한다(적정온도 22~23℃).
- 주변에 흡연자가 있는지 확인한다.
- 분리는 되지만 접근이 용이한 수면환경을 만든다. 영아 관찰이 용이한 조명, 안전거울, 문의 투명창 등을 설치한다.
- 영아 수면 중에는 반드시 교사가 자리를 지키고 관찰하며, 자리를 이탈해야 할 때는 동료 교사에게 인계한다.
- 영아가 자라면서 목 근육이 강화되어 엎드려 놀게 되는데 이때 영아가 꼭 깨어 있는 상태에서 엎드려 놀게 하고 바닥은 단단해야 한다.

영아돌연사증후군 예방을 위한 주요 수칙 및 세부 점검 사항

주요 수칙	세부 점검 사항
영아의 건강 상태를 체크한다	• 영아들의 건강 상태가 양호한지 확인한다. • 평소 허약하거나 최근 병원 진료를 다녀온 영아가 있는지 확인한다. ※ 특별히 주의해야 하는 영아 : 현재 감기나 호흡기 질환, 기타 질환이 있는 영아 ※ 임신 관련 위험 요인 : 저체중아, 미숙아, 다태임신, 어린 연령의 산모
등을 대고 똑바로 눕혀 재운다	• 엎드려 자거나 옆으로 자고 있는 영아가 있는지 확인한다.
아이 주변에 숨이 막힐 수 있는 제품을 두지 않는다	• 아이의 주변에 부드러운 물건, 인형, 느슨한 이불, 베개 등은 없는지 확인한다.
적정한 수면환경을 조성한다	• 실내 온도를 너무 덥지 않게 한다. (적정 온도 22~23°C) • 어린이 주변에 흡연자가 있는지 확인한다. • 아기 주변에서 흡연하지 못하게 한다. • 영아 관찰이 용이한 조명, 안전 거울, 문에 투명 창 등을 설치한다. • 영아가 낮잠을 잘 때는 반드시 교사가 상주하며, 자리를 뜰 때는 동료 교사에게 인계한다.

안전수면 실행 방법

▶ 건강한 아기는 언제나 바로 눕혀 재운다. 낮잠을 잘 때도, 밤에 잘 때도 항상!

▶ 방 안 온도를 너무 덥지 않게 한다.

▶ 한 침대에는 한 아이만 재운다.

▶ 잘 때 노리개 젖꼭지를 물리는 것이 도움이 될 수 있다.

▶ 안전한 침대, 단단한 매트리스

▶ 의자, 소파, 공기침대, 물침대, 성인침대 등에서 아기를 재우지 않는다.

▶ 어른과 같은 침대에서 재우지 않는다.

▶ 쿠션, 베개, 헐렁한 이불 등 불필요한 것들을 치운다.

▶ 아기가 출생하기 전부터 담배 연기 없는 환경을 만들어야 한다.

영아돌연사증후군 예방을 위한 안전수면 자세

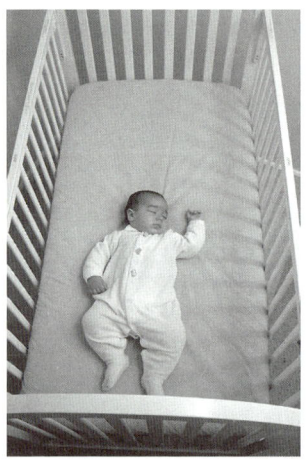

국가 차원의 대책 마련이 시급한 영아돌연사증후군

영아돌연사증후군에 대한
통계와 매뉴얼의 미흡

의학적으로 정확한 원인이 규명되지 않다

영아돌연사증후군(Sudden Infant Death Syndrome : SIDS)이란 영아가 특별한 질병 없이 갑자기 사망하여 해부학적으로 사인을 규명할 수 없는 경우를 말한다. 생후 1년 이내 영아 사망 원인의 35~55퍼센트를 차지하고 그중 95퍼센트가 6개월 미만의 영아에게 발생하는데, 위험 인자로는 자궁 내 저산소증, 태아 성장지연, 모체의 흡연, 감염, 사회경제적으로 낮은 계층, 미숙아, 엎어 재우는 것, 영아를 너무 덥게 감싸고 두꺼운 이불을 덮어주는 것, 영아의 침요가 너무 부드러운 것 등이 있다.

미국소아과학회는 생후 12개월이 될 때까지의 영아를 바로 눕혀 재우도록 권장하면서 특히 생후 6개월 이전의 영아는 반드시 눕혀 재울 것을 강조하고 있다. 생후 5~6개월 된 영아는 바로 누워 있는 상태에서 뒤집을 수 있지만, 엎드린 상태에서 바로 뒤집는 것은 불가능하고 생후 7~8개월이 되어야 비로소 가능하다. 그래서 생후 5~6개월 된 영아가 자다가 호흡문제 등이 발생한 경우 누운 상태에서는 쉽게 깨어날 수 있지만, 엎드린 상태에서는 깨어나기 힘들어 사망에 이를 가능성이 높아진다. 엎어서 재울 경우 열 손실이 제한되어 체온이 상승하고, 내쉰 공기를 다시 들이마시는 재호흡이 유발될 수 있으며, 기도 폐색 가능성이 증가할 수 있다. 또한 척추 동맥이 눌려서 뇌간에 허혈성 변화가 오고 호흡중추의 기능 저하가 일어날 수 있어 질식 가능성이 증가하며, 전정기관의 신호가 저하되어 저혈압이 유발될 수 있다.

체계적인 통계와 대책이 미흡한 우리나라의 현실

통계청에서 발표한 우리나라의 2014년도 영아사망원인 통계(2015년 9월 23일 발표)에 의하면 영아돌연사증후군에 의한 사망은 총 172명이었다. 출생 1,000명당 0.2명으로 외국의 보고보다는 낮은 것으로 보일 수 있지만, 이는 통계 방식 자체의 문제점 때문일 수 있다.

이 통계의 집계 방법은 국민이 제출한 사망신고서를 기초로 한국 표준질병·사인분류 체계에 의해 사인을 집계한 것인데, 신고누락이 많은 영아사망은 모자보건법에 의한 신고자료 등을 이용하여 보완하고, 부정확한 사인 및 사망의 외부 요인(사고사 등)에 의한 사망은

도표18 영아 사망 원인 대분류별 사망자 수, 구성비 및 사망률 2010−2014

(단위: 명, %, 출생아 1,000명당)

사망원인	2010 년		2011 년		2012 년		2013 년		2014 년	
	사망자 수	영아 사망률	사망자 수	영아 사망률	사망자 수	영아 사망률	사망자 수	영아 사망률	사망자 수	영아 사망률
계	1,508	3.2	1,435	3.0	1,405	2.9	1,305	3.0	1,305	3.0
특정 감염성 및 기생충성 질환	29	0.1	19	0.0	15	0.0	13	0.0	17	0.0
신생물	17	0.0	17	0.0	18	0.0	19	0.0	14	0.0
혈액 및 조혈기관질환과 면역기전을 침범하는 특정장애	9	0.0	5	0.0	6	0.0	10	0.0	6	0.0
내분비 , 영양 및 대사 질환	10	0.0	8	0.0	8	0.0	5	0.0	17	0.0
신경계통의 질환	24	0.1	29	0.1	31	0.1	16	0.0	16	0.0
귀 및 꼭지돌기의 질환	0	-	0	-	0	-	0	-	0	-
순환기계통의 질환	21	0.0	20	0.0	22	0.0	25	0.1	17	0.0
호흡기계통의 질환	25	0.1	28	0.1	14	0.0	18	0.0	12	0.0
소화기계통의 질환	4	0.0	4	0.0	4	0.0	4	0.0	5	0.0
비뇨생식기계통의 질환	1	0.0	0	-	2	0.0	3	0.0	0	-
출생전후기에 기원한 특정병태	818	1.7	759	1.6	758	1.6	683	1.6	690	1.6
선천기형, 변형 및 염색체이상	283	0.6	282	0.6	274	0.6	271	0.6	286	0.7
달리분류되지 않은 증상 , 징후와 임상 및 검사의 이상 소견	187	0.4	187	0.4	175	0.4	176	0.4	172	0.4
영아돌연사 증후군	93	0.2	92	0.2	99	0.2	88	0.2	80	0.2
기타 달리분류되지 않은 증상 , 징후오 임상 및 검사의 이상 소견	94	0.2	95	0.2	76	0.2	88	0.2	92	0.2
모든 기타 질환	2	0.0	1	0.0	1	0.0	1	0.0	1	0.0
질병이환 및 사망의 외인	78	0.2	76	0.2	77	0.2	61	0.1	52	0.1

*출처: 통계청, 사망원인 통계

국립과학수사연구원, 경찰청, 국방부, 해양경찰청 등 기타 행정자료를 이용하여 사인을 보완한 것이다. 외국의 경우처럼 영아돌연사가 발생하였을 때 체계적인 조사와 부검이 이루어지지 않은 상태에서 임상적으로 추정한 진단이 대부분이므로 이에 대한 보완책이 마련되어야 할 것이다.

우리나라의 보육교사는 교육과정상 아동간호학, 아동안전관리, 아동영양학 중 2과목 이상을 선택하여 이수하도록 되어 있다. 그중 아동간호학과 아동안전관리 과목에서 영아돌연사증후군에 관하여 교육하고 있으며, 보육교사 교육교재에는 '엎어 재울 경우 영아가 숨 쉴 때 내뱉은 이산화탄소가 푹신한 침요에 남아 있다가 다시 폐로 흡입될 수 있는 위험이 있어 바로 누워서 자는 영아에 비하여 영아돌연사증후군의 발생빈도가 3배 정도 높고, 미국의 경우 바로 뉘어 재우기를 권장하는 프로그램을 시행한 결과 발생률이 50퍼센트 정도 감소하였다'라는 내용이 기재되어 있다.

영아돌연사증후군(SIDS) 연구배경

60~70년대 캐나다와 영국을 비롯한 스칸디나비아 국가 등 서양 국가들의 신생아 사망률은 0.2~0.3퍼센트였다. 이중 영아돌연사증후군으로 추정되

는 사망은 한 해 평균 30~40건에 그쳤다. 그러던 것이 1980년대 후반과 1990년대 초반에 걸쳐 스웨덴을 비롯한 일부 국가에서 1년에 155건으로 (출산율 1,000명당 0.4에서 1퍼센트) 다른 서양국가들도 이와 유사하게 급증하였으며 신생아 사망률의 가장 커다란 요인이 되었다. 이로써 영아돌연사증후군 원인에 대한 연구가 우선순위가 되었던 것이다.

1985년 사회학자 데이비드 필립스 박사는 홍콩에서 1980년~1984년 사이 5년 동안 영아돌연사증후군으로 인한 사망이 15건(신생아 1,000명당 0.036퍼센트)에 지나지 않았고, 영아돌연사증후군으로 인한 사망률이 낮은 원인은 배면지기(Prone sleeping)보다 반듯이 누운 영아 수면 자세를 취하는 홍콩의 관습에 기인한 것이라고 보고했다. 이후 1987년 네덜란드에서는 신생아에게 배면지기 대신에 등배지기 수면 자세를 취할 것을 권고하는 캠페인이 시작되었고, 이 캠페인은 1991년에 영국과 뉴질랜드 그리고 호주에 이어 1992년 미국과 스웨덴, 1993년 캐나다 등으로 확산되었다.

영아사망사고의 보험 문제

영아돌연사증후군을 배상할 수 있는 보험약관의 개념을 재정립할 필요가 있다

영아의 사망 원인이 영아돌연사증후군인지 아닌지에 대한 판단이 쉽지 않은 점, 천신만고 끝에 영아돌연사증후군으로 판정이 난다고 하더라도 보험이 적용되지 않는 경우가 많은 점은 우리나라뿐 아니라 외국에서도 사회문제가 되어왔다.

우리나라의 경우 현행 생명보험의 약관상 만 15세 미만 사망의 경우 사망보험금이 적용되지 않는다는 것(상법 제732조와 상충가능성)과 급격하고 우연한 외래의 사고가 아닌 사고는 보상하지 않는다는 손해보상의 규정에 의거해 영아돌연사증후군의 경우 보험 적용이 되지 않는다.

실제로 다음 판례는 영아돌연사증후군에 대해 보험금이 지급되지 않는다는 점 때문에 부모와 보험사 간에 다툼이 일어난 대표적 사례라 할 수 있다.

영유아 교육기관이 아닌 일반 가정에서 일어난 사고이긴 하나, 영아 사망사고가 발생했을 때 보험사 측과 보호자 간에 벌어질 수 있는 가장 일반적이고 예민한 다툼 상황이라는 점에서 참고할 만하다.

생후 4개월 된 영아가 가정에서 수면 중에 호흡이 멎으면서 뇌사상태에 빠져 식물인간이 됐다. 당시 아이는 우유를 먹은 뒤 엎드려 자다가 갑자기 호흡이 멎어 뇌에 손상을 입었으며 그로부터 인공호흡기를 달고 산 지 3년째 되었다.

아이의 보호자는 마신 우유가 역류해 질식한 것이므로 보험약관처럼 '우연한 외래의 사고로 다쳐 그 기능이 영구히 상실된 경우'에 해당되며 영아돌연사증후군에 의한 사고가 아니므로 보험금이 지급되어야 한다고 주장하였다.

이에 반해 보험회사는 '외래의 사고'는 뚜렷한 원인이 있어야 한다는 뜻인데, 이 아이는 특별한 이유 없이 갑자기 숨지는 '영아돌연사증후군'이라는 주장을 폈다. 보험회사는 아이의 체질 때문에 발생한 질병이라면서 보험금 지급을 거절하였고 결국 양측은 법정에서 다투게 되었다.

이는 영아돌연사증후군의 경우 보험금이 지급되지 않는다는 데서 보험사 측과 부모 간에 다툼이 시작된 것으로서 결국 부모에게 일부 승소판결이 났다.

법원은 보험사가 부모에게 1억 7,000만 원을 줘야 한다고 판결했다. 재판부는 당시 아기가 건강한 상태였고, 위 속에서 우유가 나온 것으로 볼 때 신체적 결함으로 인한 '영아돌연사증후군'보다는 우유라는 '외부 요인' 때문에 질식한 것으로 보는 것이 더 타당하다고 밝혔다.

영아돌연사증후군도 보험으로 그 위험을 담보해야 한다

영아돌연사증후군이 의심되는 사망사고가 일반 가정이 아닌 영유아 교육기관이나 병의원에서 발생하였을 경우 그 보상을 둘러싼 공방이 불가피하다는 점에서 이를 위한 대책 마련이 시급하다.

보험의 목적이 '불확실한 미래에 대한 보장을 담보'하기 위함이라면 영아돌연사증후군 또한 반드시 보험으로 그 위험을 담보해야 마땅할 것이다.

일본도 우리나라 실정과 비슷하다. 2005년 일본의 영아돌연사증후군 가족 모임은 영아돌연사증후군이 일본의 보육원 등에서 발생하였을 때 보험회사들에게 영아돌연사증후군까지도 보험 적용이 확장되기를 요청했다. 질식사와 영아돌연사증후군은 사망 후 검시나 조직검사를 통해서도 큰 차이가 없다. 질식사인가 아니면 영아돌연사증후군에 의한 죽음인가에 대한 의학적 판단의 근거는 단지 사고가 일어났을 때의 상황에 의해서다. 이에 일본 정부에 질식사와 각각의 진단표준을 제정할 것을 요구하였다. 문제는 그 근거를 어디에 둘 것인가인데, 일본 재해공제급부관계 법에서 적용하는 '원인을 제공한 돌연사'나 중대과실지표 등을 다양하게 활용하고 있다.

어린이집안전공제회가 그러하듯이 어린이집에서의 사고는 무과실책임주의의 도입이 선결되어야 한다. 또 돌연사의 경우 그 정의를 '보육시설의 과실이 없는 경우'라고 해석하기보다는 '사망의 원인을 판단할 수 없는 경우'라고 해석하여 상해담보가 아닌 배상책임담보와 관련된 공제급여로 약관을 구성한다면 문제 해결에 접근할 수 있을 것이다.

지금과 같은 초 저출산 시대에 안심하고 아이를 보육할 수 있는 보육환경을 조성하기 위해서라도 이러한 점들이 고려되어야 할 것이다. 만약 위험 담보를 위한 비용 지출이 과다하게 예상될 경우 국가 또는 공적 기관에서 그 비용을 일부 보전하는 방식으로라도 보험 상품이 개발되어야 할 것이다.

선진국의 영아돌연사 대책 마련 사례

■ 일본 : 후생노동성에서 영아돌연사증후군 예방사업을 벌임

영유아가 엎드려 자다 사망하는 사고가 일어났을 때 그 사인이 질식인지 영아돌연사증후군인지에 대해 유족 측과 보육시설 측이 대립하고 재판으로 이어지는 사례는 일본 내에서도 끊임없이 있어 왔다. 재판이 벌어질 경우 피고는 간호사나 보육교사, 원고는 피해 영아의 가족으로 구성되며, 만약 아이의 죽음이 질식사로 판정되는 경우에는 어린이집 측의 전문성 및 지식 부족이 주된 원인으로 조사되었다.

일본의 영아돌연사증후군 관련 판례 동향을 살펴보면, 대부분 사망 원인이 영아돌연사증후군으로 판명되어 유족 측이 패소하는 경우가 많았다. 그런던 것이 1996년(시즈오카 지방재판소)과 1998년(도쿄 지방재판소)에 유족 측이 승소한 판결이 잇달아 나오기 시작했다. 이 두 재판 판결의 특징은 모두 '사인이 불명이라고 해서 영아돌연사증후군이라고 할 수는 없다.'는 견해를 밑바탕에 깔고 있었다는 점이다. 이때 질식사를 의심케 하는 사정과 영아돌연사증후군을 의심케 하는 사정을 서로 비교한 후에 결과적으로 양쪽 모두 '사인은 질식사였다.'는 점을 인정한 것이다.

일본에서는 후생노동성에서 영아돌연사증후군의 예방을 위한 사업을 주관하고 있다. 1994년에 일본 SIDS 학회(Japan SIDS Research Society)가 창립되어 영아돌연사증후군에 대한 연구와 영아돌연사증후군의 병태생리를 규명, 그 예방법을 확립하는 것을 목적으로 활동하기 시작했다. 1999년부터는 매년 11월 한 달을 '영아돌연사증후군 대책 강화의 달'로 정해 영아돌연사증후군에 대한 사회적 관심을 환기시키며, 행정기관과 관련 단체 등이 각종 계몽 활동을 펼치도록 했다. 그 주된 교육 내용은 ① 바로 눕혀 재우기 ② 금연 ③ 모유 수유에 대한 교육 등이다. 또 2005년에는 후생노동성 연구반에

일본의 '영아돌연사증후군 대책 강화의 달' 교육 홍보용 포스터

서 영아돌연사증후군의 통일진단지침을 정리하고, 부검을 통해 사인을 규정하는 등 질식사와의 구별을 엄격하게 하고 있다.

이런 일본 정부의 노력으로 영아돌연사증후군의 발생률은 해마다 줄고 있는 것으로 보고되고 있다. 일본인들은 아이가 영아돌연사증후군으로 사망하더라도 보육시설 측의 안전관리에 책임이 있는 것으로 인식하고 있으며, 아이를 엎드려 재울 경우 질식사나 영아돌연사 발생률이 높다는 사실도 대체적으로 인식하게 되었다.

도표19 일본의 영아돌연사증후군에 의한 연도별 사망아 수의 변화

(단위: 명, %, 출생아 1,000명당)

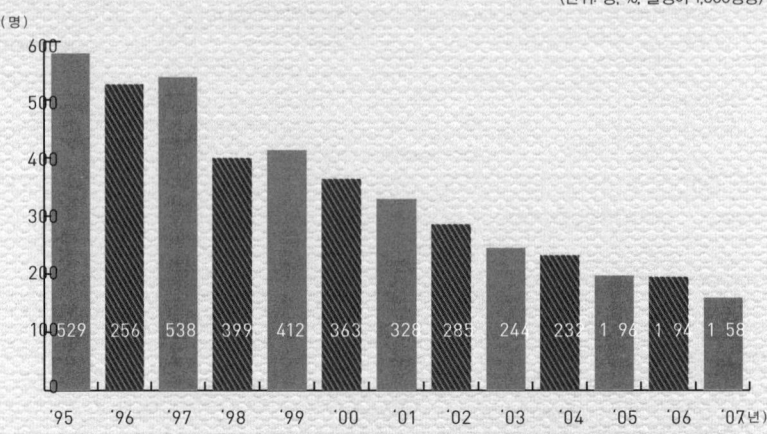

	'95	'96	'97	'98	'99	'00	'01	'02	'03	'04	'05	'06	'07년
	529	256	538	399	412	363	328	285	244	232	1 96	1 94	1 58

후생노동성 SIDS 연구반 2006 년도판		
차트보존용지 및 법의·병리 연락용지	의료기관명 (　　　　　　　　) 담당의　　　(　　　　　　　　) 기록일　　　　년　월 일 시 분	
발생일시　　　년　월　일　시　분		
사망일시　　　년　월　일　시　분		
성명　　　　　　　　　ID–No.	이상 발생 수일 전의 상태 감기증상　① 없음　② 있음(　　　) 발열　　　① 없음　② 있음(max　℃) 코막힘　　① 없음　② 있음(　　　) 기타(　　　　　　　　　　　　)	
연령　　　　　세　　　개월		

이상발견 시의 상황(사망상황조사)	출생체중 kg 재태주수 주
	분만 중의 이상 ① 없음 ② 있음( )
	몇째 아이 째(태 중)
	영양 방법(개월까지) ① 모유 ② 혼합수유 ③ 우유
	평상시 수면 중의 의복 ① 얇은 옷 ② 보통 ③ 두꺼운 옷
발견장소 ① 자택 ② 보육시설 ③ 병원 ④ 기타( )	발육발달의 지연 ① 없음 ② 있음 ( )
최초 발견자 ① 어머니 ② 아버지 ③ 보육교직원 ④ 기타( )	주된 과거력
이상발견 시의 시각 시 분 (24 시간법)	이제까지의 무호흡이나 청색증의 과거력 ① 없음 ② 있음( )
최종생존확인 시각 시 분 (24 시간법)	
이상발견 시는 수면중? ① 예 ② 아니오	어머니 연령 세 아버지 연령 세
발견 시 같이 잠 ? ① 예 ② 아니오	어머니의 직업 ① 없음 ② 있음( )
이상발견 시의 체위 ① 엎드린 자세 ② 바로 누운 자세 ③ 기타( )	어머니의 흡연 ① 없음 ② 있음(하루 갑)
	어머니의 육아스트레스 ① 없음 ② 있음
평상시 취침 체위 ① 엎드린 자세 ② 바로 누운 자세 ③ 기타( )	아버지의 흡연 ① 없음 ② 있음(하루 갑)
	아버지의 직업 ① 없음 ② 있음(공무원 , 회사원 , 자영업 , 기타)

평상시 침구 ① 어린이용 ② 성인용	
침구의 부드러움 ① 단단함 ② 보통 ③ 부드러움	가족의 SIDS 또는 SIDS 의심 , ALTE (돌발성위급사태)의 유무 ① 없음 ② 있음( )
사망시 방의 난방 ① 없음 ② 있음	
이상발견부터 병원도착까지의 시간 분	보육환경 , 태도의 인상 ① 정상 ② 위화감 있음 ③ 이상
병원까지의 이송 수단 ① 구급차 ② 자가용차 ③ 기타( )	부모 , 가족의 인상 ① 정상 ② 위화감 있음 ③ 이상
병원이송 시의 상태 호흡정지 ① 없음 ② 있음 ( ) 심정지 ① 없음 ② 있음 ( ) 피부의 외상 ① 없음 ② 있음( ) 비출혈 유무 ① 없음 ② 있음(좌 우) 질식시킨물건 ① 없음 ② 있음( ) 기타 특기사항( )	주 임상검사 자료 1. 혈액 · 뇨 · 수액 · 기타 이상소견 ;
	2. 단순 X 선 ① 없음 ② 두부 흉부 복부 기타( )
	3. 골절의 유무 ① 없음 ② 있음( )
병원 도착부터 심박 재개까지의 시간 분	4. CT 유무 ① 없음 ② 두부 흉부 복부 기타( ) 이상의 유무 유( ) 없음 5. 생검(간 ,) 6. 보존검체 (혈액여과지 , 혈청 , 소변 , 수액 , 피부조각 , 모근이 붙은 머리카락 5–6 개 , 손톱)
삽관 시 기관내 우유 ① 없음 ② 있음(다량 · 미량)	임상진단(의증) :

기관 내의 혈액
① 없음   ② 있음(다량 · 미량)
	검시의 결과 : ① 사법해부 ② 행정해부
	            ③ 승낙해부 ④ 병리해부
	            ⑤ 해부 안 함

위내 튜브 흡인물 ① 없음 ② 있음( )	사망진단서(검안서) ① 불상사 ② 검안 (사법 / 행정해부)

주 치료
① 소생술(시간)
② 기관삽관
③ 인공환기기 치료
④ 기타

관계기관 연락 유무
① 없음 ② 있음(어린이 , 보건복지 , 기타)

기타 특기사항

도표20 일본 후생성이 정한 영아돌연사증후군의 진단 흐름도

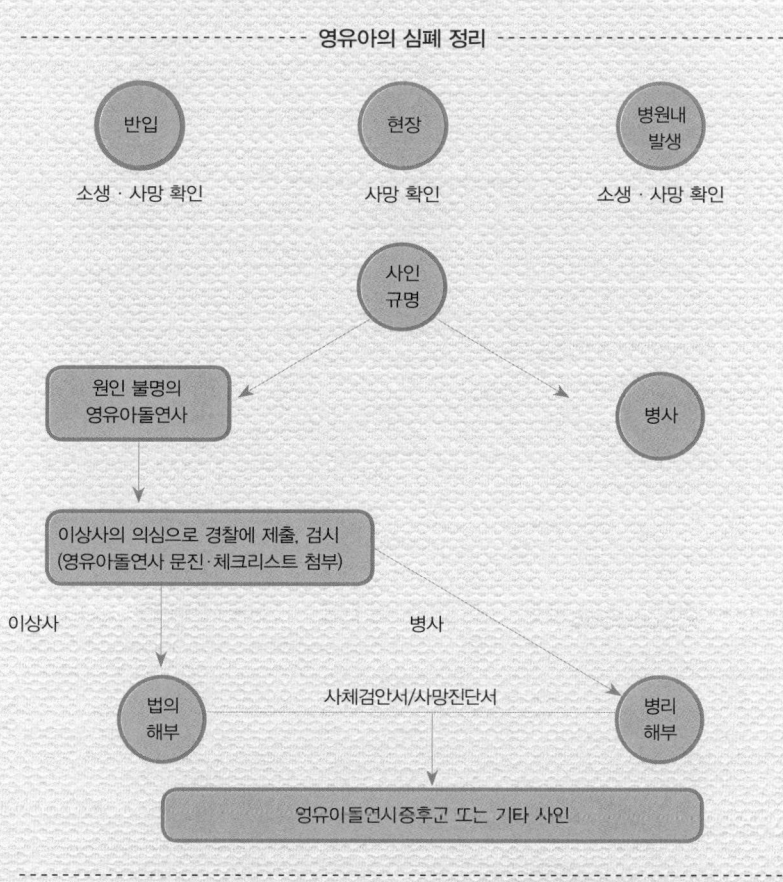

---------------------------- 영유아의 심폐 정리 ----------------------------

반입
소생 · 사망 확인

현장
사망 확인

병원내
발생
소생 · 사망 확인

사인
규명

원인 불명의
영유아돌연사

병사

이상사의 의심으로 경찰에 제출, 검시
(영유아돌연사 문진·체크리스트 첨부)

이상사

병사

법의
해부

사체검안서/사망진단서

병리
해부

영유아돌연시증후군 또는 기타 사인

▪ 미국 : 정부차원의 연구와 지원 사업을 펼치고
'바로 눕혀 재우기' 캠페인을 벌임

미국에서도 영아돌연사증후군은 신생아의 주된 사망 원인으로 꼽힌다. 미국에서는 연간 4,500명 이상의 아기들이 영아돌연사로 사망하는데 이중 반 정도가 영아돌연사증후군인 것으로 알려졌다. 미국을 비롯한 영미권에서는 영아가 사망했을 때 죽음의 원인이 영아돌연사증후군 때문인지 아동학대 때문인지에 집중되는 경우가 많다.

1960년대 초 국립 영아돌연사증후군 재단(National SIDS Foundation)이 출범하여 영아돌연사를 경험한 가족들을 지원하기 시작했다.

1970년대부터는 영아돌연사증후군을 공중보건 문제로 인식하여 연구를 하고 연방정부 차원에서 관심을 가졌으며, 1974년에 영아돌연사증후군법을 제정하여 국립보건원 산하 국립 소아건강 및 인간발달연구소(NICHD, Eunice Kennedy Shriver National Institute of Child Health and Human Development)의 연구 사업에서 영아돌연사증후군을 우선시하는 등 영아돌연사증후군을 감소시키기 위해 주정부가 나섰다.

1979년에는 보건부의 모자보건사무실 내에 영아돌연사증후군 프로그램 사무실을 개설하였고, 의회도 영아돌연사증후군에 대한 정보를 수집하고 배포하는 정보센터를 지원했다. 이 기관은 현재 국립 영유아돌연사 및 유산 정보 센터(NSIDRC: National Sudden and Unexpected Infant/Child Death and Pregnancy Loss Resource Center)로 발전했다. 1970년대에는 연방정부로부터 지원을 받는 영아돌연사증후군 프로그램이 46개에 달했으나 이를 통합하면서 1987년에 영아돌연사증후군 프로그램 전문가 협회(ASPP: The Association of SIDS Program Professionals)가 발족되었고, 이를 영아돌연사증후군 및 영아사망 프로그램 협회(ASIP: The Association of SIDS and Infant Mortality Programs)로 개칭하여 활동했다. ASIP는 전문가 단체 간의 협조와 높은 수준의 희생자 가족 지원을 유지하도록 하며 입법부 및 정부 활동에 참여하고 있다.

1991년 NICHD의 지원을 받은 연구 결과, 미국소아과학회(AAP, the American Academy of Pediatrics)에서 아기를 재울 때 바로 눕혀 재우기를 권장하기에 이르렀다. 1994년 NICHD와 미국소아과학회가 공동으로 '바로 눕혀 재우기 캠페인'을 시작한 후로 영아돌연사증후군에 의한 사망이 50퍼센트 감소하게 되었다.

이 캠페인에는 현재 NICHD, 모자보건실(the Maternal and Child

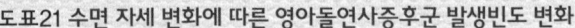

도표21 수면 자세 변화에 따른 영아돌연사증후군 발생빈도 변화

(단위: %, 출생아 1,000명 당)

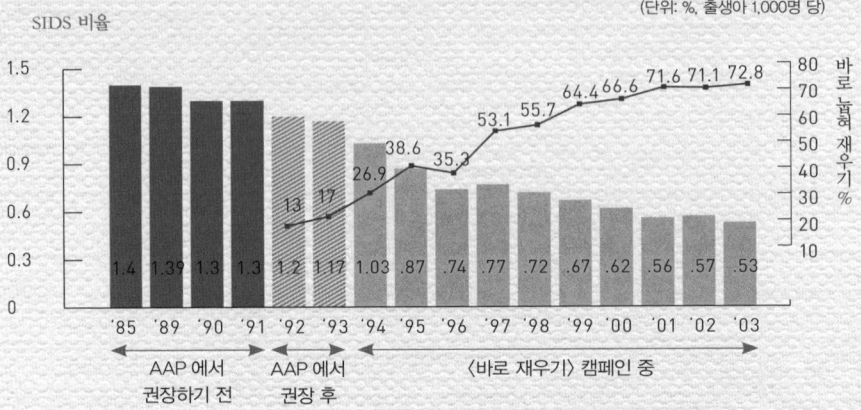

Health Bureau), 미국소아과학회, 영아돌연사증후군 동맹(the SIDS Alliance), 영아돌연사증후군 및 영아사망프로그램 협회 등이 참여하고 있다. 영아돌연사증후군 동맹은 비영리 국립보건기구로서 영아의 건강과 생존을 향상시키기 위하여 전국적으로 부모, 보육사, 연구자들과 정부, 경영단체, 지역사회 단체들을 연계해주는 기구다. 2002년부터는 유산이나 사산에 대한 예방 사업까지 확장하여 안전한 분만과 영아의 건강을 지키는 기구로서의 역할도 하고 있다. 2008년도의 보고를 보면 가족들에 대한 지원과 교육을 위해 예산의 49퍼센트, 의료인 교육에 20퍼센트, 연구에 11퍼센트를 사용하고 있다.

Spring for SIDS Day 로고

미국 영아돌연사증후군 연구소(American SIDS Institute)는 1983년에 설립된 비영리 국립 보건기구로서 영아돌연사증후군에 대한 연구, 진료, 교육, 가족들에 대한 지원 등의 사업을 하고 있으며, 매년 4월에는 영아돌연사증후군에 대한 홍보 및 기금 모금을 위한 'Spring for SIDS Day' 이벤트를 한다.

또한 많은 주에서 영아돌연사증후군에 대한 사항을 법률로 규정하고 있다. 검시관에 대한 지침이나 영아돌연사증후군으로 사망한 아기의 부검에 대한 원칙 등을 지정한 경우가 많고, 소아 사망에 대한 조사위원회에 영아돌연사증후군 전문가를 참여시키는 경우도 많으며, 영아돌연사증후군 자문위원회나 교육 프로그램도 활성화되어 있다. 캘리포니아 주를 비롯한 11개 주에서는 아이들을 돌보는 사람들이나 소방관, 응급구조원이나 공무원을 상대로 영아돌연사증후군에 대한 특별 교육을 실시하고 있다.

영아돌연사의 보고나 조사의 표준화를 위하여 질병관리본부에서는 1996년도부터 사용하던 보고 양식을 개정하여 표준 양식으로 사용하고 있으며, 조사자를 위한 자료를 개발하고 교육 프로그램을 운영하고 있다. 8페이지에 걸친 이 양식은 인적사항, 목격자 진술, 영아의 병력, 특이사항, 임신 중의 경과, 발견 당시 상황, 조사 상황 요약, 조사 상황의 그림, 병리과 의사를 위한 요약 등 9가지 항목으로 구성되어 있다. 검시관이 확인할 25개 질문을 포함하여 매우 자세한 사항을 단계별로 쉽고 일관성 있게 작성할 수 있도록 했다. 이러한 표준 양식을 사용함으로써 영아돌연사를 체계적으로 분석할 수 있고, 영아돌연사에 대한 위험 요소를 파악하여 향후 예방 사업에 활용하고 있다. 이 외에도 응급구조원에 대한 설문지 등 추가적으로 사용할 수 있는 12개의 보조 양식을 사용하도록 하고 있다.

■ 영국 : 영아사망연구재단에서 예방 사업을 벌임

영국에서 실제로 벌어진 영아사망 관련 사례 중 가장 유명한 사건은 두 자녀 영아살해혐의로 기소되어 1999년 유죄를 선고받은 샐리 클라크라는 여성의 사례다. 그녀의 첫 아이가 생후 11주 만에 사망했는데 사망의 원인은 내무성 병리학자에 의해 영아돌연사증후군으로 보고되었다. 2년 후 둘째 아이를 낳았으나 또 다시 8주 만에 사망했다. 그러자 이 병리학자가 두 자녀 모두 질식사로 사망했으며 아동학대의 가능성이 있다고 보고했다. 또한 아이에게서 망막출혈이 발견되었기 때문에 아동학대 가능성이 높다고 지적했다.

당시 로이 메도우라는 소아과 의사가 '하나가 죽으면 비극이고, 둘이 죽으면 의심스러우며, 셋이 죽으면 달리 반증할 수 없을 경우 살인'이라는 유명한 말을 남기며 유죄 선고에 결정적 역할을 했다. 두 자녀가 연속해서 영아돌연사증후군으로 사망할 확률은 7,300만

분의 1이므로 우연의 일치로 보기 어렵다는 것이다. 그러나 조사 결과 망막출혈의 원인은 다른 데 있었고 병리학자의 보고서에 누락 사항이 있었으며, 둘째 아이의 척추분비액과 다른 조직에 포도상구균이 존재했다는 사실이 확인되었다. 그 후 다시 판결이 뒤집어져 2003년 샐리는 석방되었다. 이 사건은 영아사망의 원인이 영아돌연사증후군이냐 아동학대냐에 대한 대표적인 재판 사례다.

영국에서는 영아사망연구재단(FSID: The Foundation for the Study of Infant Deaths)을 중심으로 영아의 예기치 못한 사망을 예방하고, 영아의 건강을 증진시키는 활동을 펼치고 있다. 영아돌연사증후군에 대한 연구 활동을 지원하고, 영아돌연사를 경험한 가족들에 대한 지원 사업을 벌이며, 의료인과 일반인에게 영아돌연사에 대한 정보를 제공하고, 사망한 영아를 조사할 때 전문가와 공조하는 등의 활동을 펼친다.

또한 매년 5월 한 달 동안을 'Save a Baby Month'로 지정하여 영아돌연사증후군에 대한 기금 모금과 아울러 사회적 관심을 환기시키는 기간으로 지정했다. 이 기간에는 돌연사로 세상을 떠난 아기들을 추모하며 걷기대회도 하는데 매년 수많은 시민들이 대회에 참여한다.

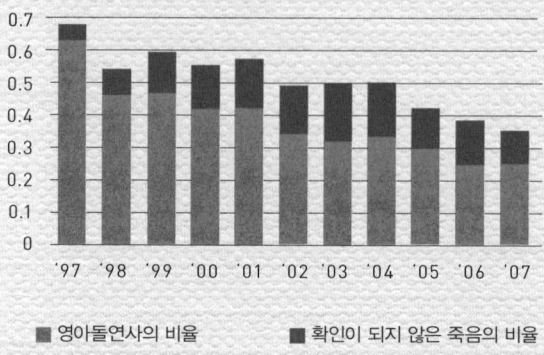

도표22 영국의 영아돌연사증후군 연도별 발생 추이

(단위: %, 출생아 1,000명 당)

■ 영아돌연사의 비율   ■ 확인이 되지 않은 죽음의 비율

그 결과 1997년부터 10년간 영아돌연사증후군으로 사망하는 영아의 숫자가 지속적으로 감소하고 있는 추세다.

■ 캐나다 : 캐나다 영아사망연구재단에서 각종 지원사업을 주도함

영국의 영아사망연구재단(FSID)을 모델로 하여 캐나다 영아사망연구재단(CFSID: The Canadian Foundation for the Study of Infant Deaths)이라는 민간 기구를 만들어 영아돌연사를 겪은 가족들에 대한 각종 지원 사업을 펼치고 있다.

브리티시 컬럼비아 대학의 시드니 시걸 교수가 자신의 딸을 잃은 후 CFSID에 참여하였다. 뒤이어 많은 의사들이 동참하면서 사회

적 호응을 얻게 되었다. 이 기구는 영아돌연사증후군에 대한 정보를 제공하고, 원인과 위험 요인을 밝혀 예방책을 모색하며, 관련 연구를 지원하고, 검시관이나 병리학자들을 위한 지침을 마련하는 등 다양한 활동을 펼친다. 또한 매년 10월 한 달을 영아돌연사증후군을 알리는 달로 정하여 각종 행사를 벌인다.

■ 호주 : '안전한 잠자기 프로그램'을 시행하고 영아돌연사 예방캠페인을 벌임

영아돌연사증후군으로 아이를 잃은 경험이 있는 부모들의 주도하에 영아돌연사를 겪은 가족들을 지원하고 기금을 모금하는 등의 사업을 1970년대 후반부터 지역 중심으로 벌이기 시작했다. 1987년에 호주 영아돌연사증후군회의(National SIDS Council of Australia)라는

호주 영아돌연사증후군 회의 결성 9개 지역

▲ 호주의 '빨간 코의 날' 캠페인 포스터　　▲ 호주의 '빨간 코의 날' 캠페인 배지

비영리 기구를 설립, 영아돌연사증후군에 대한 사회적 관심을 환기
시키고 문제점과 해결책을 논의하는 계기를 마련했다. 호주 전역에
걸쳐 9개 지역을 중심으로 모임이 구성되어 2세 미만의 아이를 잃
은 부모들을 돕고 연구 활동을 지원하고 있다.

1990년부터 활동한 'SIDS & Kids' 모임은 영아돌연사증후군을 겪
은 가족들을 애도하고, 기금을 모금하며, 영아돌연사증후군에 대
한 교육과 연구 사업을 벌인다. 특히 'SIDS & Kids' : 안전한 잠자기
프로그램'을 시행하여 교육 자료를 전 국민에게 배포하고 박람회를
열며, 자원봉사자를 교육시키기도 한다.

기금 모금을 위해 1988년부터 매년 6월 마지막 금요일을 '빨간 코
의 날(Red Nose Day)'로 지정하여 영아돌연사증후군에 대해 알리고

캠페인을 벌여왔는데, 첫 해에만 1,300만 달러의 기금을 모았고 이듬해부터는 배지도 함께 판매했다. 매년 다른 디자인으로 다채롭게 제작되는 이 배지는 전 국민적인 인기 수집 품목으로 자리 잡았다. 이 같은 활동의 결과로 생명을 구한 아기들은 5,900명에 이르는 것으로 추정된다.

국가 차원의 영아돌연사증후군 예방사업 추진

영아돌연사로 인한 2차 피해, 국가와 지역사회가 막아야 한다

영아돌연사증후군이 가족과 사회에 미치는 영향은 치명적이다. 아이가 예기치 않게 사망했는데 죽음의 원인조차 명확하지 않다는 것이 그 자체로 심적 충격을 주기 때문이다.

아이의 죽음을 준비할 시간조차 가지지 못한 부모들은 대체 무슨 잘못을 했기에 아이가 죽음에 이르렀는지 알지 못해 당황하며, 나아가 아이의 죽음을 부정하고 싶어 한다. '내가 집에 있었다면, 아이를 철저히 체크했다면, 엎어 재우지 않았더라면' 등의 자책감에 빠진다. 특히 보육 관계자가 아동학대 혐의를 받을 수 있다는 점에서 그 심적 충격은 이루 말할 수 없을 것이다.

사고 후 대개는 죽음의 원인을 알기 위해 부검을 원하지만 검시를 한다 해서 후회와 고통이 사라지는 것은 아니다. 사망한 아이를 맡았던 어린이 교육기관 보육교사나 원장은 죄책감과 우울증, 아동을 보호해야 할 담당자로서의 능력 불신, 또 다시 사고가 발생하지 않을까 하는 두려움 등 복합적인 후유증을 경험하게 된다.

선진국에서는 영아돌연사가 발생했을 때 정부나 지역사회 차원에서 여러 가지 도움을 제공한다. 영아돌연사증후군에 대한 연구를 지속적으로 하고, 영아돌연사증후군이 무엇이며 어떻게 해야 발생률을 줄일 수 있는지에 대해 전 국민을 상대로 교육과 홍보 활동을 하며, 사별을 겪은 가족들을 지원해주는 것이다.

미국의 영아돌연사 경험 가족에게 제공되는 지원 수준과 형태는 기존의 법안, 국가 자금지원, 옹호활동, 협력 및 의료 시설에 따라 전국적으로 크게 다르다. 미국의 모든 주에서 사별 지원 프로그램을 제공하는데, 공중보건 간호사 또는 사회복지사가 서비스를 제공하기도 하고, 지역사회를 기반으로 한 조직이나 건강센터 또는 학술기관과 계약을 체결해 사별 지원 서비스를 제공하기도 한다.

태어난 모든 아기들을 건강히 지키기 위한 영아돌연사증후군 예방사업

우리나라의 경우 기본적인 연구와 홍보, 지원 서비스가 절대적으로 부족한 형편이다. 따라서 국민들에게 영아돌연사증후군이란 무엇인지, 예방하기 위해서는 부모와 사회가 무슨 노력을 기울여야 하는지를 알리고 관심을 가지도록 해야 한다.

이러한 사업은 순수 민간 기구에서 시행할 수도 있으며, 복지부 산하 단체 등에서도 영아돌연사증후군 관련 사업을 적극적으로 지원, 시행할 필요가 있다. 태어날 아이뿐만 아니라 이미 태어난 아이들도 국가 차원에서 보호해줘야 한다는 점에서 이는 저출산 극복 사업의 일환으로도 다룰 수 있을 것이다.

구체적인 사업으로는 외국의 사례처럼 연중 특정 기간을 영아돌연사증후군 예방 캠페인을 벌이는 기간으로 정하여 사회적인 관심을 일으키고 기금 마련에 이용할 수 있을 것이다. 그 기금을 활용하여 첫째, 영아돌연사를 경험한 가족들에 대한 지원 사업을 하고, 둘째, 영아돌연사증후군에 대한 연구를 지원하며, 셋째, 국민들에 대한 교육 및 홍보자료의 개발과 함께 의료인들을 위한 전문적인 정보도 수집 및 제작하여야 한다. 넷째, 일반인들에 대한 교육 및 홍보 활동도 시행하여야 한다.

아기를 더 낳도록 하는 것만이 저출산을 극복하는 유일한 방법은 아니다. 출생한 아기를 건강히 잘 지키는 것 또한 저출산을 극복하는 또 하나의 방법이 될 수 있을 것이다.

사별 가족 지원 서비스

우리나라의 경우 영아돌연사증후군(SIDS)에 대한 인식이 분명하지 않아 사망원인과 분쟁의 상황만 크게 다루어질 뿐 사별 가족 지원 서비스는 아직 시행되고 있지 않다. 이에 비해 미국과 일본에서는 돌연사를 경험한 가족 혹은 보육교직원에 의한 자원봉사 차원의 서비스가 체계적으로 이루어지고 있다. 여기에서는 미국의 영아돌연사증후군 유가족지원서비스를 소개하고자 한다.

불과 10여 년 전까지만 해도 영아가 보육 중 그 원인을 알 수 없는 상태로 급작스럽게 사망할 수 있다는 것은 흔히 알려져 있지 않았다. 그만큼 가족은 물론 어린이 교육기관 보육교직원에게도 생소한 이 상황은 전혀 관심을 받지 못했다고 하겠다. 문제는 죽음 자체보다는 보상과 관련하여 다투는 것이 그 양상의 대부분이었다는 것이다. 그러나 영아의 어린이집 이용률이 늘어나고 그 위험이 공론화되면서 그간 개별적으로 다루어졌던 안전사고가 사고원인의 분석과 예방 그리고 손해보상이라는 측면에서 체계적으로 다뤄지게 되었다. 이러한 문제는 우리 사회의 변화만큼이나 빠르게 그 진전을 보이고 있다. 이제 여기에 한발 더 나아가 사고 발생 이후 가족관계자를 비롯한 보육교직원이 겪게 될 심리적인 치료에도 관심을 기울일 필요가 있다고 보인다.

사별과 가족의 의미

영아돌연사증후군 사망이 특별히 주목되는 이유는 자녀의 죽음이 급작스럽고 가족 누구도 아이가 병이 나 죽을 것이라고는 전혀 생각하지 못했으며, 사망의 원인 또한 도무지 알 수 없어 가족으로서는 오직 자책만 남게 되기 때문이다. 간혹 형사사건으로 다루어지는 일도 있어 가족이 아이의 사망원인을 설명할 수 없을 때는 아동학대혐의를 받는 경우도 있다.

'가족'은 부부와 같이 혼인으로 맺어지거나, 부모·자식과 같이 혈연으로 이루어지는 집단 또는 그 구성원을 의미한다. 즉 부모·형제자매·조부모 및 다른 가까운 친척이며, '부모'는 생물학적 부모, 입양 부모 및 법적 보호자를 말한다.

'사별'은 사랑하는 사람의 죽음 이후의 삶의 재조정이며, 사망에 대한 슬픔의 경험과 표현 그리고 감정적 유대와 함께 환경변화에 부모와 가족이 적응하는 것을 포함한다.

슬픔은 사랑, 우정, 의존, 공영의 대상이 없어졌을 때 나타난다. 대상이 자신과의 관계가 강할수록 깊은 슬픔이 찾아온다. 그런 의미에서 영아돌연사증후군 유족의 슬픔은 사랑하는 사람의 죽음에 따르는 인지 감정과 사회적 어려움을 의미한다. 특히 죽음에 대한 애도는 이별과 사별에 의한 비통한 마음으로, 다시 살아가려고 시도하는 과정으로 이해될 수 있다.

사별 후 전형적 증상은 팔이 쑤심, 피로, 주제넘은 참견, 구역질과 구토, 약물/알코올 사용, 강박 행동이나 강박 관념에 사로잡힘, 상처받기 쉬움, 컨트롤의 부족, 대인 관계 문제, 자책, 수면 장애 그리고 다른 사람 탓을 하는 것 등이다.

'가족'의 의미

가족은 대체로 혈연이나 입양, 결혼 등으로 관계되어 같이 생활하는 사람들의 집단(공동체) 또는 그 구성원을 말한다. 집단을 말할 때는 가정이라고도 하며, 그 구성원을 말할 때는 가솔이라고도 한다. 대부분의 사회는 가족의 범위를 법률이나 그 외의 규범으로 규정하고 있다. 세계인권선언 16조 3항에 따르면, "가정은 사회의 자연적이고 기초적인 단위이며, 사회와 국가의 보호를 받을 권리가 있다"라고 한다.

슬픔의 단계

1960년대 후반 엘리자베스 퀴블러 로스 박사는 말기 암환자의 경우를 들어 환자의 슬픔을 다음과 같은 연속단계로 나누었다. 다만 슬픔의 기간은 상호 관계와 죽음의 상황에 따라 다를 수는 있을 것이다.

[1 단계] 충격과 무감각	대경실색, 불신, 부정, 주의집중 시간이 짧음, 집중이 어려움, 의사결정 장애, 자극에 저항, 시간 혼돈, 현실인식 부재, 기능 장애
[2 단계] 탐색과 그리움	감성 자극, 분노/죄책감, 성급함, 과민성, 수면곤란, 팔이 아림, 죽은 사람에게 집착
[3 단계] 혼미	은둔형외톨이, 혼란, 건망증, 우울증, 죄책감, 실패감, 과로, 슬픔, 불면증, 체중 감소/증가
[4 단계] 재편성	원기회복, 용이한 의사결정, 웃음과 미소의 회복능력, 먹고 자는 습관의 재정립, 미래를 위한 계획

이후 1980년대 초 윌리엄 워든 심리학 박사에 의해 처음 개발된 오늘날의 사별의 의미는 상실과 변화된 생활에 적응하려는 일련의 4개의 과제로 슬픔을 이해했다.

① 죽음의 현실을 받아들임: 사별한 부모는 죽음이 발생했고, 그것을 돌이킬 수 없다는 것을 이해한다.
② 슬픔의 고통을 통해 문제해결: 슬픔은 고통, 분노, 죄책감 등을 동시에 유발한다. 부모들은 이러한 강렬한 감정을 피하기 위해 다양한 시도를 한다.

③ 고인 없이 일상생활에 적응: 아이를 돌보는 것은 매우 시간이 걸리는 과정이고, 사망 후 부모와 보육자는 갑자기 활동을 중단하게 되므로 그들의 스케줄과 책임을 재구성해야 한다.

④ 고인과 함께 했던 삶에서 새로운 삶으로 이동: 사망에 적응하려는 부모들은 고인과 변화된 관계를 창조하려는 것을 포함한 새로운 삶을 찾고자 한다.

부모는 아기의 사망을 결코 수용하지 않으려 하지만, 결국은 그들의 생활 속에 변화를 받아들인다. 부모는 자신의 추억과 정신생활을 통해 그들의 자녀와 함께 지속적인 관계를 유지하고 있다는 것이다.

죄책감의 형태

영아돌연사증후군 사망에 대한 부모와 보육자 반응 중 가장 일반적으로 나타나는 현상은 죄책감과 자책이다. 영아돌연사증후군에 대한 부모의 죄책감은 사실 여부와 관계없이 엄청나다. 죄책감의 형태는 다양하다.

① 죽음의 인과관계 죄책감: 죽음으로부터 아이의 보호 실패 또는 사망에 관여했다는 부모의 인식

② 질병 관련 죄책감: 사망의 시점이나 자녀의 질병 기간 동안 부모의 역할에서 결함을 인식한 결과

③ 부모 역할 죄책감: 전반적 부모 역할에서 스스로의 기대나 사회적 기대대로 사는 데 실패했다는 믿음

④ 도덕적인 죄책감: 자녀의 죽음은 부모가 시도했거나 실패한 어떤 것에 대한 처벌이나 징벌이었다고 믿는 결과

⑤ 생존 죄책감: 아이들이 부모보다 오래 살아야 한다는 믿음

⑥ 비탄 죄책감: 자녀의 사망 시점이나 그 이후 시점에 비통한 마음이 부모의 행동이나 감정적인 반응으로부터 오는 결과

죄책감

죄책감은 스스로가 저지른 잘못에 대하여 책임을 느끼는 감정을 의미한다. 죄책감에는 객관적인 죄책감과 주관적인 죄책감이 있다. 객관적인 죄책감은 죄책감을 가질 만한 일이 있어서 갖게 되는 것이고, 주관적인 죄책감은 사실과는 무관하게 감정적 상태로 경험하는 내용이다. 죄를 지으면 벌을 받게 되는 원칙에 따라 죄책감이 있는 사람은 위축되고 의욕을 상실하게 되어 우울증을 얻기도 하고, 스스로 벌을 주는 행각을 벌이기도 한다.

부모의 슬픔

부모가 죽으면 당신의 과거를 잃어버리는 것이고, 자식이 죽으면 당신의 미래를 잃어버리는 것이라고 하듯이, 아이의 죽음은 부모에게 가장 큰 스트레스이며 지속적인 손실로 간주된다. 연구에 따르면 부모 또는 배우자의 사망에 비해 자녀의 사망에 더 격앙된다고 한다. 부모와 아이와의 유대는 부모의 정체성에 필수적인 것이다. 아동의 부모들은 정체성 상실의 감정이 확대되는데, 이는 사망에 대한 죄책감과 분노와 겹쳐져 더 큰 어려움이 있다. 휴일 및 기념일에는 훨씬 더 큰 어려움을 겪는다. 인생의 가장 완벽한 이상은 아기가 살아 있던 때이다. 한편 편부모·동성 파트너·수양부모 등과 같은 비전통적인 가족들은 다른 경험을 할 수 있다고 인식하는 것도 중요하다.

자녀의 죽음을 경험하는 부모가 몹시 슬퍼하는 방식은 다양한 요인에 따라 달라진다. 사람들이 슬퍼하는 방식에 영향을 미칠 수 있는 변수는 자녀와 부모의 관계, 죽음을 둘러싼 환경, 부모의 성숙도가 포함된 유족의 인격, 사별한 유가족의 성장 단계(예: 아동, 청소년, 어른, 노인)는 그 사람의 슬픔과 애도에 영향을 미친다. 부모는 분노나 갈등으로 죽음에 대해 서로를 비난할 수 있으며, 다른 가족 구성원, 응급의료 기술자(구급차), 보육교직원 또는 의사에게 비난을 할 수도 있다.

성별의 차이 또한 부부간의 갈등과 오해로 이어질 수 있다. 남자는 대체로 자신의 감정을 억누르고, 홀로 가슴 아파하고 슬픔의 표현으로서 신체적 활동을 사용하는 것으로 보고된다. 이에 비해 여자는 감정을 공개적으로 표현하고 죽음에 대해 의논하는 것을 원한다. 그러나 일부 여자들은 보통 여자처럼 슬퍼하지 않고, 일부 남자들은 보통 남자처럼 슬퍼하지 않는다는 사실에도 유의하는 것이 중요하다.

부부는 죽음과 상실을 처리하는 데 있어서 서로 다른 스타일, 계획표, 그리고 의미를 가질 것이다. 개별적으로 슬퍼하는 것을 서로에게 허락하는 것은 그들을 위해 가장 적절하며 유용한 것으로 인간관계뿐만 아니라 건강의 열쇠가 될 것이다. 지금까지의 연구 결과에서는 아기의 사망을 경험한 부부의 이혼이나 별거가 더 높다는 증거는 없다.

많은 부모가 부검을 수행하기를 원한다. 왜냐하면 그들은 왜 그들의 아기가 죽었는지 알기를 원하기 때문이다. 소수이기는 하지만 부검에 동의한 것을 후회하는 부모도 있다. 그러나 그보다 더 많은 부모가 부검을 하지 않은 것에 대해 후회한다고 한다. 아이가 그렇게 갑자기, 예기치 않게, 설명할 수 없이 사망한다면 부모는 충격과 부인의 상태에 빠진다. 부모는 아이의 죽음을 준비할 시간을 가지지 못한 상황에서, 왜 그런 일이 일어났는지 알아야 할 필요가 있다. 그리고 그들 자신이 무슨 잘못을 했는지 당황할 수밖에 없다. 부모들은 내가 집에 있었다면 아이를 다시 체크해서 다르게 먹이고, 엎어 재우지 않고, 담요를 덮이지 않았을 것이라고 생각한다. 부모들은 영아돌연사증후군 죽음에 책임이 없다.

남은 자녀의 슬픔

아이가 사망하면 주위의 형제자매, 가족이나 동료는 그들의 역할에 따라 영향을 받는다. 사별한 아이들은 특별한 관심이 필요하므로 가족은 아이들이 슬픔과 사별에 대응하는 방법에 대해 정보를 제공받을 필요가 있다. 죽음에 대한 아동의 이해는 발달 단계와 과거의 경험에 따라 영향을 받는다. 2세 이하의 어린아이는 죽음을 이해하지 못한다. 그들은 매달려 떨어지지 않고, 짜증을 부리거나 퇴행하는 행동을 나타낼지도 모른다. 그들에게는 지속적이고 물리적인 안도가 될 일상적인 틀이 필요하다. 취학 전 아동은 임시 혹은 가역으로 죽음을 볼 수 있다. 어린이의 반응은 무반응, 공격성, 분리 불안과 죽음을 이야기하고 싶다거나 과장된 행동을 하는 것 등이 포함될 수 있다.

흔히 어린아이들은 그들 자신이 부모를 차지할 수 있도록 그들의 형제 또는 자매가 멀리 떠나가길 바란다. 만일 그때 아이가 죽는다면, 그들의 희망이 실현된 것으로 생각하고 그들 자신을 비난할

지도 모른다. 혹시라도 이와 같이 아이가 스스로 죄의식을 느끼거나 죽음의 개념을 이해하지 못할 수도 있다는 점에서 부모는 세심한 주의를 기울여야 할 것이다.

3세에서 5세 정도의 아이는 죽음을 수면 형태로밖에 이해하지 못한다. 죽음은 잠이라는 믿음과 함께, 자는 동안 영아돌연사증후군으로 죽은 아이가 다른 형제자매를 데리고 갈지 모른다고 생각하고 자는 것을 두려워할지도 모른다. 그들은 잠이 드는 것에 저항하고, 통제의 상실에 근심하고, 무서운 꿈에 시달릴 수도 있다.

만 5~9세 취학 연령대 아이들은 죽음은 영구적이며, 모든 사람과 동물이 죽는다는 것을 이해할 수 있으나, 아직까지 죽을지도 모른다는 것을 정확하게 이해하는 것은 아니다.

10대들은 죽음은 마지막이고, 그들 또한 죽을 것이라는 것을 이해한다. 그들은 어른처럼 생각하고, 성인처럼 슬픔·통증·죄책감과 분노를 느낄 수 있다. 일부 10대들은 다른 사람들이 이야기하고 싶지 않은 죽음에 대해 이야기하기를 원할 수 있다.

일부 아이들이 장례 서비스에 참여하기를 원하는 반면, 일부 아이들은 다른 사람 장례식을 두려워할 수 있다. 만약 아이들이 장례식 서비스에 참여하지 않으면 그들에게 작별 인사를 다른 방식으로 할 수 있게 하면 된다.

형제의 기념품을 살펴보게 하는 것은 그 나름대로 추도하는 데 도움이 될 수 있다. 어린이와 청소년에게 제공되는 정보는 서면 자료, 시청각 자료, 그룹 미팅, 일대일 상담을 포함한 많은 형식 중에서 다양한 방식으로 제공되어야 한다. 살아남은 형제자매들은 고립·불안·우울증·방치의 감정을 보인다.

부모는 자녀의 죽음에 몰두한 나머지 다른 자녀에게 무심할 수 있다. 학부모들이 사망을 어떻게 처리하느냐는 아이들이 사망을 처리하는 방법에 영향을 준다. 영아 또는 아동의 수면 장애, 지속적인 불안, 감정적으로 잦은 흥분, 학교 성적 변화, 낮은 등급, 은둔형외톨이, 우울증, 먹지 않음 그리고 강박관념 등을 포함한 아동이 보내는 위험한 신호에 부모나 보호자가 기민할 필요가 있다.

아동과 청소년의 특수 사별 지원 서비스의 필요성을 인식하여 전국의 사별 아이들을 지원하기 위해 많은 프로그램을 개발해야 한다. 또한 사별 어린이들을 위한 온라인 지원 프로그램을 개발하여 부모와 보육자뿐만 아니라 어린이에게도 적극 제공해야 할 것이다.

조부모의 슬픔

사망한 영아의 조부모는 영아 사망이 발생했을 때 특별한 역할이 있다. 그들은 부모에게 중요한 사별 지원을 제공하지만, 그들 또한 애도하고 있다. 조부모들은 사별한 아기에게 초점을 맞추기 위해 그들 자신의 슬픔을 무시할지도 모른다. 조부모는 손자의 사망 고통

뿐 아니라, 자녀의 고통과 고뇌의 얼굴에서 무력감과 좌절을 느낀다. 조부모가 자신의 자녀를 지원하기 위해서는 사별 과정에서 정보가 필요할 수 있다. 조부모는 유아의 주요한 보호인일 수 있다는 것을 유의하는 것이 중요하다.

아동보육시설의 슬픔

아동보육시설은 그들이 보육하던 영아의 죽음을 경험한 이후에 심한 죄책감, 아동을 보호할 그들의 능력 불신, 우울증에 의한 울음, 수면장애나 식욕부진, 아동의 과보호나 조바심, 분노, 사고가 다시 발생할 것이라는 두려움 등 특이하고 강렬한 감정을 가지고 있을 수 있다.

복합 비애

복합 비애란, 사별 후 나타나는 정상적이고 문화적으로 수용되는 정도의 애도과정을 벗어나 지속적인 심리적·신체적 부적응을 야기하는 비애 반응을 의미한다. 정상 방해 또는 왜곡으로 분류되기 전에 사망은 유족에게 어떤 의미인지, 그리고 그들의 사고·감정 및 행동들이 어떻게 사망에 대처하거나 회피하려고 시도하는지 이해되어야 한다.

슬픈 반응과 극단적인 반응과 정상 범위 사이의 차이는 의료계에서 구분할 부분이다. 외상 후 스트레스 장애 검진과 치료는 돌연사를 경험한 부모와 자녀들에게 필요할 것이다. 왜냐하면 잊을 수 없을 만큼 큰 정신적 충격이 스트레스와 복합 비애에 노출될 우려가 높기 때문이다.

외상 후 스트레스 장애

외상 후 스트레스 장애란, 무시무시한 충격 후에 나타나는 일련의 고통스러운 증상들을 말한다. 환자는 사건을 직접 경험하거나 목격했어야 하고, 이 같은 사건은 심각한 신체 손상이나 혹은 사망의 위협을 포함해야 한다. 정의상, 외상은 강렬한 두려움, 공포, 무력감이라는 강한 경험을 유발해야 한다. 일부 심리적, 생리적 각성은 이 질환의 발병에 핵심적인 것으로 보인다.

자포자기 가족 지원 서비스

많은 가족원들이 때로는 내 아이와 같이 있기를 원한다거나 내 아이가 죽은 지금 더 이상의 삶은 가치가 없다고 생각하는 등 불안한 상태를 보일지도 모른다. 그러나 대부분의 가족 구성원이 그 자체로 불안전한 생각을 행동으로 옮기는 것은 아니다. 하지만 언제, 어디서, 어떻게 자살할 것이라는 것을 구체적으로 기술하는 경우라면 자살 예방 핫라인이나 위기 개입 서비스에 즉시 회부되어야 한다. 또한 자포자기 이전에 자살 시도 경험이 있다면 그만큼 실제로 자살을 시도할 가능성이 높다고 할 것이다. 위기 개입 전문가들은 종종 S-L-A-P 이론을 적용한다.

[S] 계획의 구체성

"잘 모르겠지만, 나는 약을 복용할 것이다" 또는 "아이가 학교에 등교 후에 나는 총을 사용할 것이다" 등 자살계획이 구체적으로 짜여 있는 사람이 자살 가능성이 더 높다.

[L] 도구의 치명성

자살계획에 이용되는 도구가 얼마나 치명적인가. 치명적인 도구를 이용할수록 자살에 대해 확고한 생각을 가지고 있는 것으로 간주된다. 만일 자살시도 이후 다른 사람에게 발견되었을 때 살아날 가능성이 얼마나 있는지, 살아났을 경우 불구가 되는지 아닌지, 죽음에 이르기까지 시간이 얼마나 걸리는지 등등이 기준이 된다.

[A] 도구의 이용 가능성

자살하기 위한 방법, 혹은 도구를 얼마나 손쉽게 이용할 수 있는지. "나는 오늘 오후에 총을 구입할 생각이었다"보다는 "총이 서랍에 있고, 총알이 벽장에 있다"거나 "내 손에 수면제 10병이 있다"는 것이 훨씬 더 위험하다.

[P] 타인과의 근접성

자살을 실제로 시도할 가능성이 높은지 알아볼 수 있는 방법 중 가장 중요한 요소가 바로 이 점이 아닐까 싶다. 물리적으로든 심리적으로든 그 사람의 주변에 얼마나 많은 사람이 있는지에 관한 것이다. 우선, 물리적으로 가까울 경우, 그 사람이 자살시도를 한다는 것을 미리 짐작할 수도 있고 실제로 시도하려 할 때 말리거나 시도 후 즉시 발견하여 죽음에 이르기 전에 막을 수도 있다. 한편 심리적으로 가까운 사람은 정서적 지지를 해주어 자살시도 자체를 막을 수도 있다. 이처럼 타인과의 근접성은 그만큼 자살시도 확률에서 중요변수로 작용할 수 있다.

문화적 지원 서비스

모든 문화에서 부모와 자식 관계는 가장 지속적이고 중요하다. 부모의 문화와 종교적 배경은 죽음에 대한 그들의 견해에 영향을 미치고, 부모와 가족은 생활에 동화되고, 죽음이 발생했을 때의 상황은 그들의 문화적 배경과 전통에 의존하고 있다.

영아의 부검에 참여했던 한 의사가 지금까지 잊을 수 없어 소중하게 간직하고 있는 한 통의 엽서를 소개한 적이 있다. 아이를 부검할 때 너무도 가슴이 아파 조금이라도 위로하고 싶어 아이를 부검한 후, 장례절차를 준비하는 가족을 위해 봉합하는 과정에서 표나지 않도록 섬세하게 꿰매고 최종적으로 분을 발라 주는 등 세심한 배려를 했다고 한다. 시간이 흘러 위로를 받은 부모로부터 고마웠다는 편지를 받았다는 것이다. 이렇듯 문화적으로 적절한 사별 보호는 공개되고 정중한 커뮤니케이션이 꼭 필요하다. 가족과 의료서비스 공급자 간의 문화적 차이가 있을 때 그러한 커뮤니케이션은 어렵다. 언어와 종교 및 계층 차이가 존재할 때 어려움이 한층 증가될 수 있다. 죽음의 원인에 대한 의미와 이해, 영아의 가치, 아픔과 고통의 의미, 의사 결정 과정에서의 가족의 역할, 의료 전문가의 적절한 역할, 사망 이후 사체의 관리, 슬픔의 적절한 표현 등에서 의견차이가 발생할 수 있다. 인종/민족 그룹들은 주보건국과 비영리 단체에 의해 제공되는 영아돌연사증후군에 특정된 사별 프로그램에 참여하는 대신에 사별지원을 위해 가족과 민족공동체센터를 확장한 종교적 회중 같은 잘 정착된 사회 서비스에 의존하는 경향이 있다는 점은 중요하다.

영적·종교적 지원 서비스

영적·종교적 신념도 슬픔을 견디는 과정에서 중요한 역할을 할 수 있다. 부모의 신념은 부모로서 감당하기 어려운 힘든 경험을 하는 동안 편안함과 희망을 제공할 수 있다. 때로는 그들의 삶이 중요한 시기에 자신의 종교적 믿음에 회의가 생기고, 그들의 영아사망에 대해 신을 비난할지 모른다. 그러나 성직자와 믿음을 기반으로 한 조직들은 가족 구성원들이 그들의 믿음을 유지하고 죽음을 수용하는 데 중요한 역할을 할 수 있다. 많은 부모, 조부모 및 보육자들은 영아의 장례식 준비완료, 가족을 위한 애프터케어 그리고 다른 행정 지원으로서 지도와 조언을 구한다.

가족들이 신앙 지도자에게 카운슬러, 종교서적 관련 언급, 분노 매니저로서의 역할을 기대할 수 있다. 가족들은 종교 및 영적인 믿음에 의문이 있기 때문에 신앙 지도자는 가족이 그들의 믿음을 유지하는 데 중요한 역할을 한다. 지속적인 지원은 종종 신앙을 기반으로 한 조직들에 의해 사별 가족 지원 단체들을 통해 제공된다. 단체는 일반적으로 조직의 시설과 형식의 다양성을 충족할 수 있다. 훈련받은 자원 봉사자들에 의해 서비스가 제공되며 유족들의 감정을 공유할 수 있는 안전한 피난처를 제공하는 것을 목표로 한다.

회복기의 환자에게 일정 기간 행하는 작업요법. 또는 회복 후의 생활 방법을 지도하여 건강의 회복을 꾀하는 일을 말한다.

지역사회 기반 지원서비스

오늘날 미국의 영아돌연사증후군 가족에게 제공되는 지원수준과 형태는 주정부의 영아돌연사증후군의 서비스 내역에 따라 기존의 법안, 국가 자금 지원, 옹호 활동, 협력 및 의료 시설에 따라 전국적으로 크게 다르다. 미국의 모든 주가 SIDS/SUID 서비스를 지원하는 데 사용될 수 있는 기금을 받지만, 사별 지원을 제공하는 주립 프로그램의 모델 간에는 커다란 차이가 있다. 일반적으로 3가지 모델이 있다.

① 프로그램은 직원들이 지역 또는 주 수준의 직접 서비스를 공중 보건 간호사 또는 사회 복지사를 사용하여 제공한다. (예: 테네시 주와 미시시피 주)

② 주에서 사별 지원을 제공하기 위해 하나 이상의 지역 사회기반 조직, 건강 센터 또는 학술 기관과 하위 계약을 체결해 사용한다. 그 다음에 주(State) 프로그램들의 역할은 관리 및 감독 권한

을 부여하거나 계약을 체결한다. 또한 프로그램들은 서비스 제
공을 유지하거나 확장할 자원의 개발을 위한 지도력을 제공한
다. (예: 조지아 주와 캘리포니아 주)

③ Healthy Start나 FIMR 같은 다른 의료 기관과 함께 프로그램을
협업하여 기존의 서비스에 사별 지원을 통합한다. (예: 플로리다
주와 캔자스 주)

Healthy Start

미국의 아이가 태어난 시점에서부터 위기에 처한 가족들에게 요구되는 포괄
적인 보건교육 프로그램으로 내용(D'Agostino et al, 1999)은 다음과 같다.

① 영양 ② 안전: 가정, 학교, 놀이터에서의 안전과 중독 예방, 헬멧과 안전띠
착용과 같은 도로안전 포함 ③ 자아 존중감 ④ 신체부분 ⑤ 가족관계 ⑥ 치아
건강과 위생 ⑦ 환경교육 ⑧ 약물교육 ⑨ 폭력예방

– Fetal and Infant Mortality Review Program(FIMR): 1992년에 시작한 태아
  및 영아 사망률 검토 프로그램

서비스 제공 업체 또한 전체 미국 인구의 변화에 의해 영향을 받
는다. 최근 이주자 또는 소수그룹의 멤버인 간호사, 사회 복지사 및
이민자 또는 의료 서비스 공급자가 증가하고 있다. 다양한 케어 제

공자의 배경은 가족을 위한 적절한 사별 서비스의 기대에 영향을 준다. 가족들이 적절한 사별 지원 서비스를 제공받는 것을 보장하기 위해 전통적으로 유족과 함께 작업을 한 지역사회 서비스 공급자들이 SIDS/SUID에 대한 상세하고 적절한 정보를 확인하고 공급할 필요가 있다. 장의사들은 장례를 준비하는 가족을 돕기 위해 현재의 지역 자원에 대한 지식, 슬픔의 적극적인 표현수단을 제공할 장례 서비스 계획과 부모의 업무 복귀에 대한 조력에 있어서 중요한 역할을 한다.

(1) 정보 및 추천

영아돌연사증후군으로 사망 후 기관은 유족에게 필요한 정보와 추천 시스템을 포함하여 이용할 수 있는 서비스를 통지한다. 이러한 추천을 개발하고 촉진하기 위해서 사망조사관 및 초동 응답자들에 대한 영아돌연사증후군 교육과 인식의 노력이 시작되었다. 주정부 또는 지방 프로그램들의 효율적인 대안은 모든 기존의 지역 사회 서비스 자원 디렉터리와 핫라인에 업데이트된 서비스에 대한 정보 제공을 보증해주는 것이다. 가족이 살고 있는 지역에 있는 상담과 사별 서비스 간에 정보가 정확하게 전달되는 것 또한 중요하다.

갑작스러운 영아 사망 후 24시간에서 48시간 내에 통지가 이루어지는 것이 이상적이겠지만, 현실에서는 통지가 지연되는 일이 많다.

진단 과정의 변화로 인해 가족과 프로그램 수행을 위한 직원은 몇 주 또는 몇 달 동안 영아의 최종 사망 원인을 알 수 없을지도 모른다. 그러나 가족들이 진단을 기다리는 동안 프로그램 스태프는 서비스와 지원을 제공할 준비가 되어 있어야 한다.

(2) 가족과의 연락

추천 후 직원의 조문이나 전화 통화 및 정보제공과 전문적인 지원 시스템을 통해 초기 연락이 이루어진다. 가족들은 서비스와 해당 연락처 정보를 자세한 팸플릿이나 간단한 보고서와 같이 제공받을 수 있다. 종종 이런 복지 서비스 형태에는 후속 연락처 및 사회 교육 등이 포함되어 있다.

프로그램 직원은 유아의 확대 가족과 가족의 친구와 동료들에게 연락처 정보를 보낼 준비가 되어 있어야 한다. 보육교직원, 조부모 및 형제자매들이 종종 무시되고 있지만, 상담 및 정보가 비탄에 잠긴 그들에게도 역시 제공되어야 한다.

항상 모든 유가족들의 위치를 알아낼 수는 없다. 일부 가족은 사망현장에 돌아가지 않기로 결정하고 사망 후 매우 신속하게 새로운 장소로 이사한다. 또 어떤 가족은 가족지원 제안을 거부할 수도 있다는 사실을 인식하는 것도 중요하다. 그러나 나중에라도 선택할 것을 대비해 늘 준비해야 한다. 때로는 영아사망 직후 이웃·직장 동료·친구·지역사회와 종교관계의 적극적인 지원 네트워크를 가지고 있는 경우도 있다.

가족 지원 제공에 다양한 반응을 확인할 수 있다. 일부는 서비스를 적극적으로 희망할 것이고, 그들의 질문에 즉각적으로 답해주기를 원할 것이다. 반면 또 다른 피해를 우려해 알려지기를 원치 않거나 방어적 태도를 보이거나 아예 접촉을 피하는 가족도 있을 것이다. 이러한 반응은 종종 죽음과 전문가의 개입 문제를 둘러싼 정서적, 환경적 및 문화적 요소들의 다양성을 기반으로 한다.

(3) 가정 방문

가정에 직접 방문하여 영아돌연사증후군에 대한 정보를 가족에게 제공하고 가족이 할 수 있는 의료 질문에 응답하거나 자원을 제공하는 것이 유용할 수 있다. 가족을 위한 효과적인 지원을 제공하기 위해서는 해당 직원들이 사별한 부모가 직면한 문제점들을 제대로 이해해야 한다. 가정 방문을 위한 직원의 훈련은 슬픔의 심리적, 정서적 반응과 죽음이 가족 체계에 미치는 영향, 위기상황에 처한 부모를 위한 긴급 지원에 대한 반응 방법, 영아돌연사증후군을 극복하는 그들 자신과 타인을 돕는 실용적인 기술, 건강 전문가로서 그들 자신을 돌보는 것에 대한 토론과 이용 가능한 자원, 정상적인 슬픈 반응들을 이해, 사망에 대한 그들 자신의 감정과 반응을 이해, 비정상적인 반응의 증상 및 징후의 지식, 예상치 못한 갑작스러운 영아의 죽음에 관한 특별한 상황 지식을 포함해야 한다.

(4) 상담

영아돌연사증후군 전용 사별 상담 프로그램들이 있지만, 대부분의 가족은 그러한 프로그램들을 통해 사별 상담을 받지 않는다. 가족들이 사용할 수 있는, 슬픔을 극복하는 것을 도와주는 지원 프로그램, 병원, 호스피스, 장례 프로그램과 영적/종교적 단체들 같은 다양한 지역 사회의 사별 서비스 공급자가 있다. 상담은 가족의 요구에 따라 단기 또는 장기가 될 수 있다. 가족과 함께하는 상담 제공은 가족의 탄식 과정, 회복 및 대처에 중요한 영향을 줄 수 있다. 상담은 공포와 불안을 줄이면서 영아 죽음의 상황에 대응하여 외상 후 스트레스 장애의 발전을 감소시킬 수 있다. 또한 상담은 부모가 복잡한 슬픔을 경험하고 있을 때 효과적이다.

(5) 유경험자의 연락

유경험자의 연락은 비통한 가족과 연락하고 지원을 약속하며 자신들의 시간을 바치는 자원 봉사자이며 돌연사로 영아의 사망을 경험한 부모, 수양부모, 조부모, 기타 친척과 보육시설 관계자들이다. 유경험자의 연락은 적극적인 청취 및 대처 능력, 감정 이입, 동정심과 비심판적 태도를 가진다. 유경험자의 연락은 주로 전화, 서면 메모와 이메일을 통한 지원을 제공한다. 유경험자의 연락 프로그램의 목적은 유사한 사망을 경험한 누군가를 통해 통찰력, 희망, 정보 및 가족의 슬픔에 객관성을 제공하는 것이다.

(6) 동료 지원 단체

가족에게 사별 지원을 제공하는 지원 단체나 자조 그룹의 많은 모델이 있다. 일반적으로 그들은 사별 부모와 나머지 사람들에게, 유사한 사망을 경험한 다른 사람들이 격려, 동정, 실질적인 도움 및 지원을 제공할 것을 제안한다. 전 미국 일반 외과의 에버렛 쿠프 박사는 부모들이 스스로 스트레스, 고난과 고통에서 극복하도록 자조 그룹을 이용할 것을 적극 지원하였으며, 그 역시 아들의 죽음 이후 자원 봉사기구인 동료 지원 단체에 참가했다. 종교 기관들은 목회 상담자나 훈련받은 자원 봉사자들에 의해 진행되는 사별 지원 단체들을 제안할 수도 있다. 지원 단체를 만들거나 개선하려 할 때 누구든 이에 대한 지원과 훈련기회들을 쉽게 이용할 수 있으며, 훈련된 전문가 또는 부모에 의해 주도될 수 있다.

(7) 인터넷 지원 프로그램

최근 가족을 위한 사별 지원을 제공하는 인터넷을 기반으로 한 사별 프로그램의 숫자가 증가하고 있다. 인터넷은 지리적으로 또는 시간 제약으로 인해 서비스에 접근할 수 없는 가족들을 위한 자산이 될 수 있다. 또한 인터넷은 부모 대 부모 지원을 희망하는 부모와 사망 영아의 형제자매에 대한 지원에 매우 유용하다. 서비스 연속성의 일환으로 안정적으로 인터넷 사별 지원을 제공하는 전국적 조직이 많다. 그들은 우수한 교육 자료, 자원을 제공하고 가족을 지원한다. 최근 인터넷 지원만을 제공하는 인터넷 사별 프로그램이 늘어나고 있다.

(8) 전문가 지원

스트레스의 인정은 성공적으로 스트레스에 대처하고 건강한 정신 자세를 유지하는 데 있어 핵심이다. 스트레스는 SIDS/ID 전문가 업무의 피할 수 없는 부분이다. 아이의 죽음은 프로그램 직원의 업무상 가장 긴장되는 상황일 것이다. 전문가 역시 이것을 다시 경험한다는 두려움과 불안감이 나타날 수 있다. 거부, 무력감과 쇠진의 감정은 매우 일반적이다. 일부 전문가들은 자신의 직업에 회의를 보이기도 한다. 이러한 징후들을 예방하는 데 도움이 되는 것은 동료와 함께 보고를 듣는다든가, 자유롭게 다른 사람들과 경험을 공유할 수 있는 등 중압감으로부터 최대한 자유로워질 수 있는 분위기에서 작업하는 것이다. 개인 상담은 지속 가능한 지원이 없을 경우 특히 유용할 수 있다.

심폐소생술(CPR)

질병이나 사고로 영유아의 호흡이 멎었거나 심장이 정지된 경우 4분 이내에 응급처치가 시행되어야 영구적인 뇌손상을 예방할 수 있고 10분 이내에 전문가의 처치를 받으면 소생 가능성을 높일 수 있다. 어린이집에서 심정지가 발생하는 것을 목격한 사람이 심폐소생술을 즉시 실시하면 소생 가능성을 2~3배로 늘릴 수 있다.

소아 심폐소생술

1) 구조자와 환아의 안전

심폐소생술을 할 때에는 언제나 구조자와 환아가 있는 지역의 안전을 확인해야 하며 심폐소생술이 이론적으로는 감염성 질환의 전파 위험을 가지고 있지만 실제 구조자의 위험은 매우 낮다.

2) 반응의 확인

① 의식이 없는 환아가 숨을 헐떡이고 있거나 호흡이 없다면 구조자는 이것을 심정지 상태이며 심폐소생술이 필요하다고 판단해야 한다.

② 환아를 가볍게 두드리고 "애야, 괜찮니?"와 같이 소리를 치거나 이름을 부른다.

③ 아이가 손상을 입은 상태는 아닌지, 어떤 의학적 처치가 필요하지는 않은지 등을 신속하게 확인한다.

④ 호흡곤란이 있는 소아는 종종 기도가 더 많이 열리고 호흡이 최적화되는 자세를 스스로 취하므로 만일 호흡곤란이 있는 소아가 자기가 더 편한 자세를 취하려고 하면 그대로 유지하게 한다.

⑤ 만약 소아가 반응이 없으면 주위에 소리를 쳐서 도움을 요청한다.

3) 환아의 호흡 확인

① 환아가 규칙적으로 숨을 쉬는 것을 확인할 수 있다면 그 아이는 심폐소생술이 필요한 상태가 아니므로 구조자는 이런 아이에게는 외상의 증거만 없다면 옆으로 눕는 회복 자세를 취해주는 것이 기도 유지에 도움을 주면서 흡인 위험을 줄여준다.

② 만일 환아가 의식이 없고 숨을 쉬지 않거나 그저 헐떡이는 숨(심정지 호흡)만 간신히 쉬고 있는 상태라면 심폐소생술을 시작한다.

③ 간혹 심폐소생술이 필요한 상태의 환아가 헐떡이는 숨을 쉬는 것을 정상 호흡을 하는 것으로 오인할 수 있으므로 이런 경우 숨을 쉬지 않는 경우와 마찬가지로 심폐소생술을 시작한다.

4) 응급의료 체계 활성화

① 2명의 목격자가 있다면 첫 번째 구조자는 즉시 심폐소생술을 시작하고 다른 목격자는 119에 신고를 하면서 자동제세동기를 준비하도록 한다.

② 구조자가 혼자이며 휴대전화가 없는 상황이라면 119에 신고하고 자동제세동기를 가지러 가기 전에 2분간 먼저 심폐소생술을 실시하고 나서 119에 신고하고 근처의 자동제세동기를 가져와 가능한 한 빨리 환아에게 자동제세동기를 사용하고 자동제세동기가 없는 경우 가슴압박을 시작으로 심폐소생술을 재개한다.

③ 119 구급대원이 도착하거나 환아가 스스로 숨을 쉴 때까지 30회의 가슴압박과 2회의 인공호흡 주기를 반복한다.

5) 가슴압박

① 만약 영아나 소아가 의식이 없고 숨을 쉬지 않는다면 즉시 30회의 가슴압박을 실시한다.

② 적절한 가슴압박은 적어도 분당 100회의 속도로 압박하고 흉곽 전후 직경(가슴 두께)의 1/3 깊이 또는 영아는 4센티미터, 소아는 5센티미터의 깊이를 압박해야 한다.

③ 영아의 경우 두 손가락으로 젖꼭지 연결선 바로 아래의 흉골을 압박한다.

도표23 소아 심폐소생술 순서

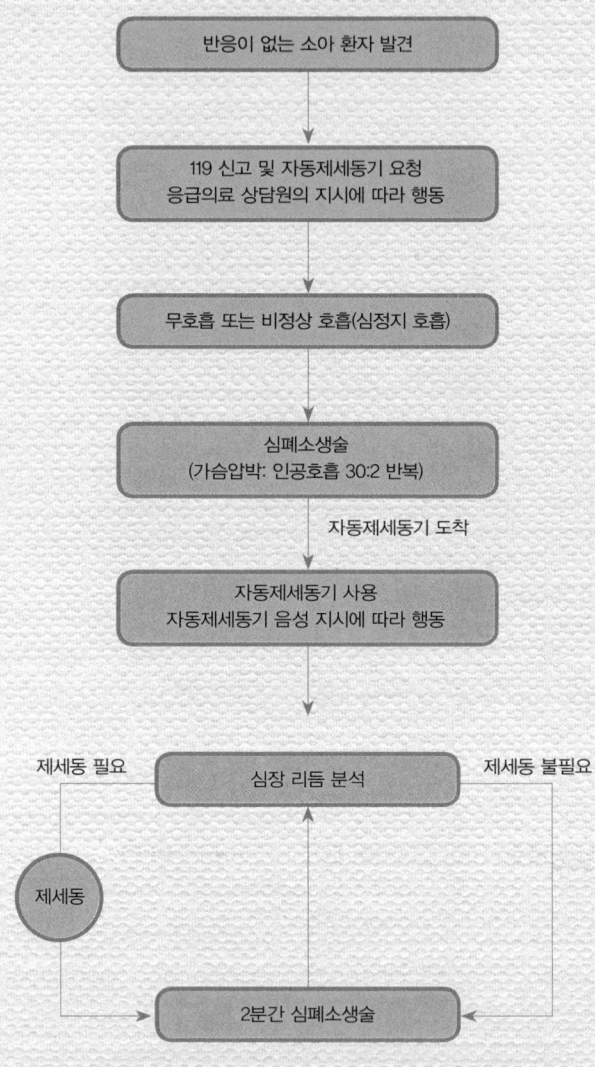

반응이 없는 소아 환자 발견

119 신고 및 자동제세동기 요청
응급의료 상담원의 지시에 따라 행동

무호흡 또는 비정상 호흡(심정지 호흡)

심폐소생술
(가슴압박: 인공호흡 30:2 반복)

자동제세동기 도착

자동제세동기 사용
자동제세동기 음성 지시에 따라 행동

제세동 필요   심장 리듬 분석   제세동 불필요

제세동

2분간 심폐소생술

④ 소아의 경우 흉골 아래 1/2 부분을 한 손 혹은 두 손의 손바닥 아래쪽을 이용하여 압박한다.

⑤ 매번 압박할 때마다 적절한 깊이가 유지되어야 하며 가슴압박 후에는 가슴이 정상 위치로 다시 이완되도록 해야 한다는 것을 명심해야 한다.

⑥ 2명 이상의 구조자가 있으면 성인의 심폐소생술과 마찬가지로 가슴압박 역할을 2분마다 교대하여 가슴압박의 질과 속도가 떨어지는 것을 막아야 한다.

⑦ 영아와 소아 소생술의 경우 가슴압박과 인공호흡이 함께 제공되어야만 최상의 결과를 얻을 수 있지만 구조자가 인공호흡에 대한 훈련이 되어 있지 않거나 할 수 없는 상황이라면 119 구급대가 도착할 때까지 가슴압박 소생술만이라도 계속해야 한다.

6) 기도 열기와 인공호흡

① 1인 구조자의 가슴압박과 인공호흡의 비율은 30:2이다. 처음 30회 압박을 실시하고 기도를 열고 2회 인공호흡을 한다.

② 반응이 없는 영아 또는 소아는 혀가 기도를 막을 수 있으므로 외상/비외상 환아 모두 머리 젖히고 턱 들기 방법을 이용하여 기도를 열어준다.

③ 영아에게 인공호흡을 하려면 입-입 인공호흡 또는 입-코 인공

호흡 방법을 사용하고 소아는 입-입 인공호흡을 사용한다. 입-입 인공호흡을 하는 경우는 코를 막고, 입-코 인공호흡을 하는 경우는 입을 막도록 한다.

④ 호흡을 불어넣을 때 가슴이 올라오는 것을 확인해야 하며 각 호흡은 1초에 걸쳐 실시한다.

⑤ 가슴이 올라오지 않는다면 머리 위치를 다시 확인하고 호흡이 밖으로 새지 않게 좀 더 확실하게 막고 인공호흡을 시도한다.

⑥ 머리 기울기 정도를 조절하여 최상의 기도 유지와 효과적인 구조 호흡이 가능한 위치를 찾아볼 필요도 있다.

⑦ 1인 구조자의 경우 30회 가슴압박 후 2회의 인공호흡을 가능한 한 짧은 시간 동안 시행하여 가슴압박 중단 시간을 최소화해야 한다.

7) 가슴압박과 인공호흡의 비율

2회 인공호흡을 한 후 즉시 30회 가슴압박을 시행한다. 1인 구조자가 가슴압박과 인공호흡을 30:2의 비율로 5번의 주기를 시행하는 데 약 2분 정도 소요된다.

도표24 기본 소생술의 주요 내용

	성인	소아	영아
심정지의 확인	무반응		
	무호흡 혹은 심정지 호흡 10초 이내 확인된 무맥박(의료제공자만 해당)		
심폐소생술의 순서	가슴압박 – 기도유지 – 인공호흡		
가슴압박 속도	분당 100~120회		
가슴압박 깊이	약 5cm	가슴 두께의 최소 1/3 이상 (4~5cm)	가슴 두께의 최소 1/3 이상 (4cm)
가슴 이완	가슴압박 사이에는 완전한 가슴 이완		
가슴압박 중단	가슴압박의 중단은 최소화(불가피한 중단은 10초 이내)		
기도 유지	머리기울임 – 턱들어올리기 (head tilt–chin lift)		
가슴압박대 인공호흡 비율	전문기도 확보 이전	30:2	30:2(1인 구조자) 15:2(2인 구조자, 의료제공자만 해당)
	전문기도 확보 이후	가슴압박과 상관없이 6초마다 인공호흡	
일반인 구조자		가슴압박 소생술	심폐소생술

선의의 응급의료에 대한 면책(선한 사마리아인 조항)

응급의료에 관한 법률에 선의의 응급의료에 대한 면책조항이 있다. 이 법 제5조 2항(선의의 응급의료에 대한 면책)은 "생명이 위급한 응급환자에게 해당하는 응급의료 또는 응급처치를 제공하여 발생한 재산상 손해와 사상에 대하여 고의 또는 중대한 과실이 없는 경우 해당 행위자는 민사 책임과 상해에 대한 형사 책임을 지지 아니하고 사망에 대한 형사 책임은 감면한다"라고 규정함으로써, 선의의 구조자를 보호할 수 있는 법적 근거를 제공하고 있다.

사고 발생 우려로 노심초사하여 영유아들의 활동을
규제하기보다는 영유아들의 특성과 형편을 적절히 고려하여
영유아 스스로 위기 대처 능력을 키울 수 있도록
계속적인 반복 실습을 통해 습관화시키고 영유아가
건강한 사회 구성원으로 성장할 수 있도록 도와야 할 것이다.
이를 위해 교사는 스스로 안전과 관련된
지식, 기술, 태도를 지니고 있어야 한다.

PART 3

안전사고,
철저하게
예방하고
현명하게
대처하자

교사의 역할

영유아기 보육에는 늘 사고요인이 존재한다. 따라서 영유아기의 성장·발달을 돕고 지도해야 하는 교사는 영유아가 처할 수 있는 위험 요인을 사전에 알아두고, 위기상황에서 어떻게 대처해야 할지, 무슨 조치를 취해야 '소생 가능성'을 높일 수 있을지 등에 대해 평소 대비해야 한다. 또한 사고 발생 우려로 노심초사하여 영유아들의 활동을 규제하기보다는 영유아들의 특성과 형편을 적절히 고려하여 영유아 스스로 위기 대처 능력을 키울 수 있도록 계속적인 반복 실습을 통해 습관화시키고 영유아가 건강한 사회 구성원으로 성장할 수 있도록 도와야 할 것이다. 이를 위해 교사는 스스로 안전과 관련된 지식, 기술, 태도를 지니고 있어야 한다.

한편 영유아를 직간접적으로 보호하고 양육하는 교사는 영유아를 단순 신체적·정신적으로 미성숙하고 성인의 보호가 필요한 존재라는 사고에 머무르지 않고, 영유아의 건강한 발달과 인권의 보호라는 차원에서 영유아가 권리를 지닌 존재라는 인식을 가져야 한다. 이처럼 권리의 주체임에도 불구하고 신체적·인지적·정서적·사회적·언어적인 면에서 제한된 수준의 능력을 가지고 있기 때문에 권리 실현에 있어서 일정 부분 성인에게 의존할 수밖에 없다.

성장 발달 과정에 있는 영유아의 부주의한 행동은 그 자체로 성인(교사)의 책임범위에 속한다고 할 수 있다. 물론 이때의 책임은 무과실책임을 의미한다. 사랑과 신뢰를 기반으로 한 보육현장에서 안전사고 발생으로 인한 책임성 시비를 가리는 것 자체가 무리일 수 있지만, 교사의 안전의식 결여에 의한 부주의한 행동이 통상의 범위를 넘어 중대한 사고로 이어졌다면, 과실 책임을 추궁당하는 경우도 배제할 수 없다. 실제 그런 일이 종종 발생하고 있으며 때로는 기사화되거나 사회문제가 되기도 한다.

그만큼 영유아를 보육하는 일은 고도의 전문성과 무한 책임성이 필요한 분야이므로 교사는 영유아 스스로 위기 대처 능력을 키울 수 있도록 도와야 할 것이다.

영유아기 안전사고가 불가피한 것이라면, 사고율 제로화보다는 사고 발생 최소화를 위한 노력에 관심을 기울이고, 더 나아가 영유아가 권리의 주체임을 인식하는 교사의 가치관이 필요하다. 이는 과거 안전사고의 개념이 주로 예기치 못한 사고와 위험이었다면, 오늘날의 안전사고는 의도적·비의도적 사고를 포함한 부상, 심지어 마음의 상처까지를 그 대상으로 한다는 데서 사회적 변화를 실감한다.

다음 사항들을 반드시 염두에 두도록 하자.

❶ 교사의 안전관리 지침: 영유아에게 있어서의 안전은 상당 부분 교사의 책임하에 있다.

영유아 안전교육을 위해 교사는 관련 분야의 전문성을 바탕으로 안전에 대한 전문지식, 정확한 기술, 민감한 태도와 감수성 향상을 위한 노력에 힘써야 한다.

❷ 안전한 놀잇감 제공을 위한 교사 지침: 실내외 놀잇감의 안전관리와 위험한 물건의 보관 등에 특히 주의해야 한다.

안전사고 예방을 위해서는 사고 발생 요인을 파악하고 신속·적정하게 위험요소를 제거하는 노력이 필요하다. 민약에 제거할 수 없다면 위험에 대한 주의와 경계를 늦추지 말고 지속적으로 관리해야 한다.

❸ **영유아를 존중하고 지원하는 일과운영:** 영유아는 성인과 동등한 권리의 주체, 다만 성인과 비교했을 때 제한된 수준의 능력을 가지고 있기 때문에 일정 부분 성인에게 의존할 수밖에 없다.

영유아를 존중하고 지원하는 일과운영은 영유아의 발달, 흥미, 관심, 요구 등을 적극적으로 반영하고 아동의 권리를 보장하는 것을 의미한다.

  ─ 영유아를 존중하는 일과운영의 원리가 반영되지 못하고 교사 중심으로 일과가 운영될 경우 영유아의 생존권, 발달권, 보호권, 참여권 등 모든 아동권리를 침해할 수 있으므로 교사는 영유아 중심의 일과를 운영하기 위해 일과운영의 원리를 이해하고 현장에 적용해야 한다.
  영유아를 존중하는 일과를 계획하고 운영하기 위한 원리는 발달의 적합성, 통합성, 일과운영 시 활동의 균형성, 일관성, 일과 중에 다양한 상호작용 기회 제공, 영유아들의 건강상태, 흥미, 요구, 상황, 사건, 날씨 등 예기치 못한 상황에 유연하게 대처할 수 있도록 계획하고 준비되어야 한다. 일과가 운영된 후 잘된 점과 부족한 점에 대해 반성적 평가를 고려하여야 한다.

– 영유아를 지원하는 보육환경의 조성은 발달에 적합한 물리적 환경과 영유아의 안전을 지원하는 인적 환경으로 구성된다.

어린이집은 영유아가 하루 중 가장 많은 시간을 지내는 장소다. 때문에 영유아를 배려하는 편안하고 쾌적한 환경으로 조성되어야 한다. 그러나 영유아의 발달에 적합하지 않는 물리적 환경은 영유아의 부적절한 호기심을 자극하게 되고, 영유아간 다툼의 원인이 되기도 하고, 부적응 및 문제행동을 유발하는 원인이 되기도 한다. 이에 따라 교사는 "위험해 만지지 마", "만지지 말라고 했지?", "자꾸 말 안 들으면…" 등과 같은 영유아의 행동을 통제하는 상호작용을 하게 된다.

또한 교사는 영유아가 생애 최초로 만나는 선생님이며, 영유아가 가족 외에 처음으로 맺는 사회적 관계라는 점에서 영유아가 또래와의 관계맺음, 더 나아가 향후 다른 사회 구성원과의 관계맺음에 영향을 줄 수 있으며 영유아는 교사의 행동, 심지어 생활양식과 정서까지도 영향을 받게 된다. 이처럼 교사는 인간 성장의 기초를 형성하는 데 있어서 매우 중요한 위치에 있으므로 영유아 개개인의 발달 수준 및 특수성에 적합한 역할수행을 위해 전문적인 지식과 기술을 배양하고 사질 향상을 위해 끊임없이 노력해야 한다.

❹ 영유아 안전교육 지침: 요즘 아이들은 개인주의 성향이 강하고 집단에서 어울려본 경험이 적어 각종 위험 회피능력이 현저히 떨어진다는 것을 항상 염두에 두어야 한다.

오늘날의 영유아들은 주로 핵가족 환경에서 자라거나 외동인 경우가 많으며 여러 친구나 가족들과 어울려 놀 수 있는 기회가 예전의 아이들에 비해 절대적으로 부족하다. 그나마 단체생활을 처음 경험하게 되는 장소가 어린이집인데, 옛 어른들 생각처럼 만 3세 정도면 당연히 길러져야 할 위험 회피능력 등이 아직 길러지지 못한 경우가 많다. 이러한 사회 환경의 특성을 이해하고 세심한 주의를 기울여야 한다.

❺ 안전 불감증 환경: 어떤 경우라도 안전과 생명은 가장 소중하고 존엄하게 다뤄져야 한다.

누구에게든 생명은 가장 소중한 것이다. 하지만 죽음을 가까이에서 접하거나 위험상황을 직접 경험하지 못한 젊은 세대는 보육교사라 할지라도 아직 삶과 죽음에 대한 구체적인 현실을 파악하지 못하거나 심한 경우 일종의 생명 경시 풍조를 자신도 모르게 가지고 있을 수 있다.

아이들의 경우에도 TV나 게임 등 각종 자극적인 매체들의 영향으로 어릴 때부터 죽음을 경시하는 사고방식을 가지고 있을 수 있다. 이러한 사회풍조가 은연중에 각종 사고와 위험요인을 무감각하게 받아들이게 할 수 있음을 기억하자.

❻ 사고대비 적정한 보험가입은 필수사항

모든 어린이집은 상해와 배상 보험에 반드시 가입해야 한다. 매년 신학기면 어린이집에서는 신입원아 및 재원생들을 위한 보험에 가입하고 보험금을 납부해야 한다. 안전사고 예방을 위한 다양한 노력은 어린이집 입장에서도 그 자체로 존립과 직결된 사항이다. 하지만 최선의 노력에도 불구하고 발생하는 사고 대비 신속·적정한 보상 노력은 피해를 최소화하고 빠른 일상의 회복과 추가적인 사고를 예방할 수 있는 중요한 사항이다.

영유아 사고는 영유아의 발달적 특성과 무관하지 않다는 데서 사고 발생 원인 또한 영유아 자신의 부주의가 그 대부분을 차지하는 것이 특징이며, 심지어 원인을 알 수 없이 중대한 사망에 이르는 경우마저 있다. 그러나 현실적으로 보험가입자의 책임이 없는 경우 배상하지 않는 것이 보험의 원리라는 데서 원인을 알 수 없는 사망의 경우, 어린이집 자체적으로 배상책임을 져야 하는 어려움에 직면하게 된다. 이에 어린이 교육기관에서는 영유아의 특성을 반영한 보험 상품의 개발이 필요하게 되었으며 어린이집의 경우는 어린이집 안전공제회, 유치원을 비롯한 학교의 경우는 학교안전공제회에 당연히 가입해야 한다.

등원 시 건강 체크사항

다음은 일본의 어린이집 등원과 관련된 아동 건강조사 연구보고서 (1997년 일본보육협회 실시)의 내용 중에서 참고가 될 만한 부분을 추린 것이다. 이를 통해 안전한 영유아 교육기관 이용을 위해 어떤 점들을 체크하면 좋을지 참조할 수 있을 것이다.

원아 등원 기준

❶ 체온

원아의 건강상태를 체크할 때는 체온을 기준으로 삼는 경우가 많다. 영유아의 체온이 상승하는 원인은 무수히 많은데, 일반적으로 유아는 체온이 쉽게 변하므로 체온이 상승했다고 해서 모두 병적인 상태라고 판정할 수는 없다. 보육현장에서 원아의 체온은 원아 개개인 및 다른 원아들에게 영향을 끼칠 수 있는 중요한 지표로 인식해야 한다. 보육현장은 집단적인 장소이므로 발열의 원인이 감염이 아닌지 주의해야 할 것이다.

체온 상승의 요인에는 유아 자신에게 원인이 있는 경우와 주변 환경 조건에 원인이 있는 경우가 있다. 그중 병적인 원인이 아닌 경우는 수유와 식사, 운동, 울 때 등이 있다. 병적인 원인으로는 세균이나 바이러스 감염 등이 있다.

문제는 체온의 기준을 몇 도에 두느냐다. 이는 원아가 등원할 때이든 보육 중이든 마찬가지다. 보육의 조건과 연령에 관계없이 체온을 기준으로 할 경우에는 37.5도와 38.0도 두 가지가 있는데, 일본에서는 등원 시 37.5도를 기준으로 하고 있는 시설이 많다. 이는 보육 중에 체온이 더욱 상승할 위험성도 있음을 염두에 둔 기준이다.

❷ 활동성과 기분

원아의 기분, 활동성(활기), 식욕, 수면 상태 등은 보육현장에서 건강상태의 기준으로 유용하게 활용되는 요소들이다. 아이가 단지 기운이 없는 정도일 경우 일본에서는 40퍼센트 정도의 시설들이 원아 등원을 허용하고 있다. 여기에 안색이 좋지 않은 상태가 겹쳐도 약반수의 시설이 원아를 수용하며, 힘없이 축 늘어져 있는 상태여도 대부분은 받아들이고 있다.

원아가 기운이 없다거나 기분이 저조해 보이는 것만으로 건강상태가 좋지 않다고 판단하지는 않는다. 특히 등원 시에는 원아의 기분에 영향을 주는 다른 원인도 많다.

따라서 여기에 몇 가지의 상태를 추가 조합시켜 판단할 필요가 있다. 예를 들어 '안색'도 하나의 관찰 항목이다. 안색이 좋지 않은데 기분도 나빠 보인다면 일단 건강상태를 의심해 볼 필요가 있다.

이런 상태의 원아를 받아들였을 경우에는 아이의 상태를 계속해서 관찰해야 하고, 계속해서 좋지 않은 상태라고 판단될 때에는 그에 따른 대응 체제가 확립되어야 할 것이다.

❸ 호흡기계, 소화기계 증상

호흡기계 증상의 경우 기침이나 쌕쌕거림을 기준으로 한다. 가벼운 기침을 하거나 '움직이면 콜록거리는 상태'의 원아를 받아들이는 일본의 어린이집은 60퍼센트 정도이고, '쌕쌕거리고 안색도 좋지 않지만, 놀이를 하는 상태'의 유아를 받아들이는 시설은 30퍼센트 미만이다.

여기에서 '놀이를 하는 상태'가 원아 입소 시의 중요한 요소인데, '스스로 움직이려고 하지 않는 상태'의 원아를 받아들이는 시설은 최근 급격하게 감소하고 있다. 다만 소화기계 증상은 심하고 빈번한 설사가 아니면 대부분의 시설에서 원아를 받아들이고 있다.

보호자에게 연락을 취하는 기준

❶ 호흡기계 증상

감기를 비롯해 호흡기질환이 의심될 경우, '발열' 및 '기분이 나쁠 때'를 기준으로 보호자에게 연락하는 어린이 교육기관이 50퍼센트 정도를 차지한다. 발열이나 기침이 있어도 '안색이 좋지 않지만, 기분이 나쁘지 않은' 경우에는 30퍼센트 정도의 시설이 연락을 취한다. 이 모든 상태가 나타날 경우 90퍼센트의 시설이 보호자에게 연락을 취한다.

❷ 소화기계 증상

일본의 어린이집에서 보호자에게 연락을 취하는 가장 대표적인 증상은 '반복되는 구토, 설사'가 60퍼센트로 가장 많고, '식후의 구토' 증상이 있을 경우 20퍼센트에 가까운 시설이 연락을 취하는 추세다.

보육현장에서 가장 중요한 기준으로 다뤄지는 것이 바로 구토 증상이다. 물론 아이가 직접 복통을 호소할 수도 있지만, 자신의 증상을 말로 호소하기 위해서는 만 3세 이상은 되어야 하므로 그보다 분명한 판단 근거가 되는 설사나 구토가 기준이 되는 경우가 많다. 아이가 기분이 안 좋다고 호소하거나 기운이 없다면 그 원인이 복통 때문인 경우도 있음을 염두에 두어야 한다.

겉보기에 알아차리기 쉬운 증상뿐만 아니라 그에 수반하는 증상들 또한 중요한 의미를 지닌다. 그 때문에 식후의 구토에 대해서도 충분한 관찰이 필요하다. 식욕도 중요한 소견이지만 식욕이 없는 경우는 날씨, 심리, 정서 등의 원인도 충분히 염두에 두어야 한다.

설사나 구토의 원인은 다양하며, 대변이나 토사물의 상태, 구토할 때의 심신 상태 등도 각양각색이므로 충분한 관찰이 필수적이다.

❸ 경련

보육현장에서 상당히 두려운 증상 중 하나가 경련이다. 경련의 원인 역시 다양한데, 뇌질환에 의한 경련과 발열에 따른 경련이 있고, 격렬하게 울었을 때에도 경련이 나타난다. 크게는 발열을 동반하는 경련과 발열이 없는 경련으로 나눌 수 있는데, 발열성 경련에는 뇌신경계 감염증도 포함된다. 발열이 없는 경련의 대표적 질환으로는 간질이 있다.

보육 중인 유아가 경련을 일으켰을 때 곧바로 의료 처치를 받도록 하는 일본의 어린이집은 34퍼센트, 어린이집 내에서 처치를 하는 경우는 65퍼센트였다. 어린이집 내에서 처치를 하는 경우, 그중 40퍼센트는 보호자에게 연락을 취하는 것을 전제로 하고 있다. 어린이 교육기관에서 경과를 보는 경우라 하더라도 경과에 따라 의

료 처치가 필요할 경우도 있고, 보호자의 대응을 요구해야 할 경우
도 있다. 이때 아이의 상태 변화에 따라 적절한 대응을 할 수 있는
체제를 마련해놓아야 할 것이다.

즉 일상 보육으로 복귀할 수 있는지, 의료 처치가 필요한지, 언제
귀가시킬지 여부를 판단하는 기준을 잘 고려해야 한다. 또한 응급
처치가 필요할 경우 의료기관과의 제휴, 촉탁의와의 연락 등의 사
항도 사전에 정해둘 필요가 있다.

간질처럼 경련이 나타날 수 있는 지병을 가지고 있는 원아를 맡
을 경우에는 경련 증세가 발생했을 때 어떻게 처치할 것인지에 대해
아이의 주치의로부터 충분한 정보를 미리 제공받아야 하고, 보호자
와도 미리 상의해두어야 한다.

❹ 투약

투약에는 만성질환을 가진 원아에 대한 투약도 있고, 급성질환에
걸린 원아에게 필요한 투약도 있다. 따라서 약제에 관한 기본 방침
이 마련될 필요가 있다.

보육현장에서 보육 담당자가 원아에게 직접 투약을 하는 것이 의
료행위에 속하는지 속하지 않는지에는 여러 의견이 있다. 보육은 가
정에서 하는 육아를 보완하는 개념이므로 가족이 투여하는 것과
차이가 없다고 하는 의견도 있다. 문제가 되는 것은 보호자가 보육

담당자에게 복용 방법을 전달했다 해도 의사의 지시를 그대로 잘 전달했느냐 하는 점이다. 전달한 내용에 착오나 차이가 있을 수도 있기 때문이다. 이 점에 있어서는 의사가 보육 담당자에게 직접 지시했을 경우에만 투약을 한다는 시설이 4.4퍼센트였다. 그러나 이러한 체제를 갖추고 있는 시설은 대단히 적다.

따라서 영유아 교육기관과 보호자, 영유아 교육기관의 촉탁의, 원아의 주치의 사이에 투약에 대한 충분한 커뮤니케이션이 있어야 할 것이다.

건강상태가 악화된 환아를 위한 대응체계 확립 필요

한편 일본에서도 어린이집에서의 의료 처치에 대한 현실적 한계와 건강상태가 갑자기 안 좋아진 원아에 대한 대응체계의 문제점에 대해 개선을 요하는 목소리가 높다. 연구보고서 중의 다음 내용은 우리나라의 보육현실과도 크게 다르지 않아 공감을 자아낸다.

아침 등원 시 부모에게서 아이를 인계받았을 때 아이의 몸 상태가 다소 좋지 않지만 딱히 쉴 정도는 아니고, 보호자의 형편상 어쩔 수 없이 보육을 해야 할 경우가 있다. 또 이침에는 건강해도 보육 중에 몸 상태가 나빠질 수도 있다. 만 3세 미만 영유아의 보육에서는 이러한 경우가 매우 흔하다.

몸 상태가 좋지 않은 원아의 경우 돌보는 사람을 명확히 정하고, 보호자가 데리러올 때까지 확실하게 책임지고 양호해야 한다. 상태가 좋지 않은 아이를 책임질 한 사람을 정해두어야 한다. 다른 원아들을 돌보면서 한 아이의 양호를 병행하는 것은 불가능하다. 모든 안전사고는 책임 소재가 명확지 않을 때 일어나기 쉽다. '설마' 하는 생각은 금물이다.

이는 어린이집에 의료 관계자가 없기 때문이기도 하고, 현실적 여건상 몸이 좋지 않은 아이를 전담해서 돌볼 수 있는 보육교직원 수에 여유가 없으며, 아이를 간호할 만한 공간이 충분하지 않기 때문이기도 하다.

건강한 상태의 원아만을 대상으로 삼는 현재의 보육환경으로는 만일의 사태에 대한 대응에 분명히 한계가 있다. 이에 대한 개선책이 요구된다.

원아 입소 시 참고 가능한 아동 건강상태 조사표

다음은 일본 어린이집 입소 시 통용되고 있는 아동 건강상태 조사표다. 원아 입소 시 미리 체크해두면 도움이 될 것이다.

도표25 어린이집 입소신청 아동 건강상태 조사표 (영아용)

(입소신청   년   월   일 · · 현재)

아동명 :　　　　생년월일:　　　　　　연령:　　　개월

출산시의상황	1. 정상 2. 이상(제왕절개 등) 3. 조산 (주) 4. 미숙아 5. 황달 정상·이상 6. 체중 (kg) 7. 출생순위 (째) 8. 선천성 대사이상검사는 받았습니까 　　아니오·예(결과　　　　　)	체질적특징	1. 감기에 잘 걸린다 2. 천식기가 있다 3. 자주 열이 난다 4. 설사를 자주 한다 5. 변비기가 있다 6. 자주 토한다 7. 자주 기저귀발진이 난다 8. 아토피증상이 있다 9. 탈구하기 쉽다 10. 화농이 잘 생긴다 11. 탈장이 되기 쉽다 12. 알레르기 체질 13. 경련을 일으킨 적이 있다 　　어떤 때 (　　　　) 14. 그 외
영양방법	1.모유 2.혼합유 3.분유 　먹이고 있는 분유명(　　　　)		
지금까지걸린병등	1. 탈장 (개월) 2. 중이염(개월) 3. 장염(개월) 4. 돌발성발진 (개월) 5. 방광염(개월) 6. 맹장염(개월) 7. 선천성겨드랑이관절탈구(개월) 8. 최근 병에 걸린 적 있는지 여부 　(　　　　) 9. BCG 접종 여부 (개월) 10.유행성소아마비 접종 여부 　(　　　　　개월)	의사소견	체격 영양상태 근골 형태이상 피부 흉부청진 복부 심잡음 신경학적 소견 운동기능·눈·귀 1 이상 없음　2 요 관찰 3 요 정밀검사 4 요 의료 의사　　　　　인

이 파트에서는 아동학대의 개념에 대해 정의하고,
아동학대의 사례를 통해
학대를 바라보는 우리사회의 변화된 인식에 대해 점검한다.
아울러 영유아 교육기관을 이용하려는 부모입장에서나 교사입장에서
바람직한 보육이 되기 위해서는 상호 신뢰가
전제되어야 한다는 것을 사례를 통해 살펴본다.

PART 4

아동학대,
근본적인
대책 마련이
시급하다

아동학대 사고에 대한
오해와 불신

마녀사냥보다는 근본적인 대책 마련을!

이제 우리 사회에서 자녀 양육이란 단순히 개인적인 문제가 아니라 사회 전체의 문제이며, 양육과 보육 도중에 일어난 모든 일들도 단지 부모의 책임, 보육자 개인의 책임만이 아니라 사회 전체의 책임으로 여겨지고 있다. 이는 사회 변화와 함께 보육환경이 급속히 변화하고 있기 때문이다.

최근 들어 영유아 교육기관 내에서 발생한 아동학대 사례가 사회적으로 큰 이슈가 되고 있는 것은 이러한 보육환경 변화와 무관하지 않다. 사실 그동안 매스컴을 통해 보도되어 사회적 공분을 산 사건들의 경우는 행위자 처벌에 대해 더 이상의 논란이 있을 수 없을 정도의 극단적인 사례인 경우가 대부분이다. 앞으로 되풀이되어서도 안 되며 우리나라 보육현장에서 반드시 근절되어야 할 일들이다.

이를 위해서는 행위자 개개인에 대한 비난과 매도에 머무를 것이 아니라, 보육현장의 환경과 보육교사에 대한 처우를 비롯한 근본적인 문제 해결과 대책 마련이 시급한 실정이다. 아동학대사고가 발생했을 때 관련자 처벌은 물론이고 시설의 운영을 정지하는 등 원스트라이크아웃 제도를 적극 도입하겠다는 정부 발표 이후, 보육현장에서 보육에 종사하는 교사와 원장들은 이러한 발표에 대해 일면 수긍하면서도 우려하는 목소리도 적지 않다. 영유아 교육기관에서 일어나는 사고 중에는 어린이집에 대한 불신과 자녀 보육 태도에 대한 부모의 오해 및 불안증에서 비롯된 사례도 적지 않기 때문이다.

고의성이 전혀 없어도 학대가 될 수 있다

다음 사례의 경우 보육교사가 학대를 의도한 것은 아니었으나 부모에게는 교사가 자녀를 학대한 것으로 받아들여진 사건으로, 실제로 영유아 보육현장에서 자주 발생할 수 있는 상황의 한 예가 될 수 있다.

토요일 오후, 평소보다 많은 아이들이 등원한 날이었다. 보육교사 A가

혼자서 0세 1명, 1세 2명, 2세 1명을 돌봐야 했다. 교사 A는 오전의 혼합보육을 마친 후, 평소 오후 2시 무렵에 오는 부모를 위해 0세 영아인 원아 B의 기저귀를 확인했다. 마침 B가 묽은 변을 보았기에 서둘러 처리하고자 했다. 그런데 이때 아이가 심하게 발버둥을 쳤고, A는 이를 제지하는 과정에서 자신도 모르게 그만 아이의 허벅지 부분에 손자국이 나게 만들고 말았다.

때마침 B의 부모가 어린이집에 도착했고 아이의 허벅지 부분을 보고 놀란 어머니가 핸드폰 카메라로 아이의 다리 부분의 사진을 찍었다. A 교사는 변명의 여지가 없이 아이에게 손자국이 나게 만든 사실을 시인하고 죄송하다는 말씀을 드렸다.

그러나 문제는 여기에서 끝나지 않았다. 지역아동센터에서 이 학대 사실을 접수한 후 그 결과를 관할 구청으로 통보하였으며, 이 사실이 다시 복지부로 이첩된 것이다. 그 결과 해당 교사는 물론 해당 원에도 행정 처분이 내려졌다.

사안의 심각성을 느낀 부모님이 이후 고소를 취하하겠다는 뜻을 서면으로 제출하였으나 받아들여지지 않았다. 사유인즉 36개월 미만의 영유아에게는 그 어떠한 형태의 체벌도 이루어져서는 안 된다는 것이었다. 이후 어린이집 측에서 다양한 경로로 소명을 요청하였으나 모두 거절된 것으로 알려졌다. 해당 보육교사는 의도하지 않은 일순간의 실수로 인해 어린이집 측에 막대한 피해를 끼친 것과 관련하여 어떠한 방법으로든 그 대가를 치르고 싶다고 하소연했지만 문제는 이미 커져버리고 말았다.

이처럼 의도와 고의성이 전혀 없는데도 뜻하지 않은 실수로 인해 마치 아이에게 체벌과 학대를 가한 것처럼 받아들여지는 경우도 있다. 혼자 힘으로 많은 아이들을 돌봐야 하는 열악한 보육환경, 보육교사 자신의 인식 부족 혹은 한순간의 부주의, 보육교사에 대한 부모의 불신과 불안 등 원인은 매우 다양한데 이 모든 원인들이 서로 긴밀하게 연결되어 있다.

원장의 학대행위? 그 뒤의 반전과 진실

다음 사건은 단지 어린이집과 부모 측 쌍방 간의 오해뿐만 아니라 어린이집 원장과 내부자 간의 불화까지 장기간 누적되고 무엇보다도 학대 관련 증거자료가 영상과 사진으로까지 공개되면서 원장 측에 절대적으로 불리하게 돌아간 사례다.

한 어린이집의 만 2세 유아가 원장으로부터 언어폭력과 협박을 당하는 등 지속적인 학대를 당해왔으며 아이들에게 제공되는 급식 상태도 지극히 불량했다는 사실이 매스컴에 보도되었다. 심지어 원장이 아이를 학대하는 듯한 장면이 담긴 영상자료와 아이들에게 제공되었다는 불량 급식을 찍은 사진자료까지 증거자료로 언론에 보도되고 인터넷에 올라오면서 학부모들의 공분을 사고 사건은 걷잡을 수 없이 심각해졌다.

해당 어린이집과 원장에 대한 질타의 목소리가 인터넷을 뜨겁게 달군 가운데 뜻밖의 새로운 사실이 밝혀졌다. 조사 결과 영상과 사진 자료를 마련한 제보자는 이 어린이집의 내부 고발자였는데 당시 원장과 근로계약상의 불만을 제기하던 중 의도적으로 급식 상황을 연출하고 영상을 마련하는 등 몇 달에 걸쳐 자료를 준비했다는 것이다. 자료 준비가 다 되자 해당 어린이집의 부모님을 모두 모아 학대로 추정되는 영상 화면과 급식 사진자료를 공개한 것이다.

아이에게 언어폭력을 가하는 영상으로 인한 부모들의 충격, 그러나 이 모든 자료들이 조작일 수 있다는 반전이 이어지는 가운데 가장 쟁점이 되었던 부분은 자료의 진위 여부였다. 문제는 학대 관련 영상의 경우 원장의 음성이 그대로 전달되고 화면도 보이는 그대로였다는 점이다.

어린이집 측의 주장에 의하면 해당 원아는 화면이 찍히던 당일 어린이집 등원 중에 어머니로부터 야단을 맞은 상태였다. 어머니가 자가용에 아이를 태우고 직접 운전하여 등원을 시키던 중, 차량이 사거리에서 신호대기를 하는데 아이가 차 안에서 장난을 치는 바람에 급제동을 하게 되어 어머니가 아이를 심하게 야단쳤으며 그 과정에서 뺨을 때리기도 했다고 한다. 자료화면상에서도 아이는 울고 보채는 모습을 보였다. 어머니로부터 그 사실을 전해들은 원장은 아이가 계속해서 보채고 정서적으로 불안정하게 굴자 순간적으로 "너 그러면 또 맞는다"라는 말을 했다. 그런데 이 순간이 영상에 담기면서, 이 아동이 그간 지속적으로 어린이집에서 학대받았다는 증거자료로 둔갑하여 전국에 보도되었다는 것이다.

이러한 영상 화면에 반박하여 원장의 무죄를 증명할 수 있는 자료는 미비했다. 또한 해당 원장은 이 아이가 그동안 어린이집에 잘 적응하지 못하고 까다로운 기질을 지닌 아이였다고 주장했으나 이 역시 입증할 만한 근거가 부족했다. 원장의 주장대로라면 담임교사와 가정과의 연락장 어딘가에 그와 같은 기록이 남아있어야 하는데 이러한 내용은 어디에도 기록되어 있지 않았다. 1년 가까운 기간 동안 부모 상담은 물론 보육일지 등에도 언급되어 있지 않았다. 오히려 아이가 어린이집 생활에 잘 적응하고 있다며 칭찬한 내용밖에 찾을 수 없었다. 그러자 부모 측은 아이의 부적응과 정서적 불안상태에 대해 새삼스럽게 문제를 제기하는 원장에 대해 분노하며 이 모든 책임이 어린이집에서 비롯된 것이라며 정신과적 치료로 인한 피해보상 및 손해배상을 청구하겠다고 주장하였다.

결과적으로 어린이집 원장의 결백을 뒷받침할 수 있는 자료는 부족했다. 또한 비록 원장의 주장이 사실이었다 할지라도 부적절한 인사관리와 그로 인한 정부지원금 횡령에 대한 책임은 모면하지 못하여 결국 이 어린이집은 폐쇄 명령을 면할 수 없었다.

이 사건의 경우 원장이 아이를 지속적으로 학대한 것이 사실무근이었다 할지라도 아이에게 순간적으로 무심코 내뱉은 말 한마디가 어린이집 폐쇄로까지 이어지는 빌미가 되었다고 해도 과언이 아닐 것이며, 그동안 해결하지 못하고 이어져 온 내부 인사관리상의 문제점도 불씨가 되었을 것이다.

이처럼 영유아 교육기관에서 벌어지는 학대 관련 사건 중에는 의도적인 학대이거나 지속적인 학대가 아니었음에도 얼마든지 그와 같이 비추어지는 예가 있을 수 있다. 영유아를 보육하는 보육교사라면 보육 도중 무심코 내뱉은 말 한마디, 의도하지 않은 행동 하나가 오해의 소지가 될 수 있음을 잊지 말아야 할 것이다. 더구나 영유아 교육기관을 운영하는 원장이라면 평소의 언행은 물론이거니와 부모와의 소통, 직원들과의 소통까지 폭넓게 고려하여 만에 하나라도 불미스러운 일이 발생하지 않도록 만전을 기해야 할 것이다.

36개월 이하 영유아에게 가해진 체벌은 무조건 학대

아동복지법에 의하면 36개월 이하의 영유아에게 가해진 체벌은 상황을 불문하고 무조건 학대행위에 속한다. 어린이 교육기관 내의 모든 영유아에게는 어떠한 형태의 체벌도 금지하고 있다. 여기에는 단지 때리는 것뿐만 아니라 움켜쥐거나 비트는 행위, 욕설을 하거나 적대적인 뉘앙스의 언어, 협박으로 들릴 수 있는 어휘를 구사하거나 윽박지르는 것 등도 모두 포함된다.

특히 어린이 교육기관 보육교직원에 의한 학대 행위가 발생했을 때에는 내부에서만 해결해서는 안 되며 반드시 아동보호기관에 신고할 것을 명시하고 있다.

따라서 어린이 교육기관 보육교직원들은 교육과정에 포함된 아동학대예방 및 신고의무와 관련된 교육 내용을 숙지해야 하며, 보육교직원에 의한 아동 체벌을 엄격히 금하는 규정과 체계를 만들어 내부 차원의 교사교육을 반복적으로 철저히 실시해야 한다.

학대 개념에 대한 올바른 이해와
부모와의 소통이 중요

체벌이 일상이던 구세대 vs 기준이 바뀐 현대 사회

학교에서 학생들에 대한 체벌이 금지되면서 교육현장에서 여러 가지 혼란 상황이 빚어지고 있는 것처럼, 우리나라에서는 아동, 특히 영유아에 대한 학대의 개념조차 아직 명확하게 정립되어 있지 않다. 1990년대까지만 해도 교사가 학생의 손바닥을 때리는 정도의 체벌은 사회적으로 문제시되지 않았기에 이러한 교육을 받고 자란 세대가 보육교사가 되었을 경우 어디까지가 학대이고 어디까지가 체벌인지 잘 분간하지 못하는 사례도 적지 않다.

다음 사례는 보육교사가 학대의 개념을 제대로 이해하지 못한 데서 빚어진 실수의 한 예라 할 수 있다.

한 아파트 단지 내에 있는 어린이집에 다니던 만 4세 유아가 어린이집 보육교사에게 체벌을 당해 아이의 부모와 다른 학부모들이 해당 교사와 어린이집 원장을 관할 구청과 시청에 고발하는 소동이 벌어졌다. 사건의 경위는 다음과 같다.

평소 보육에 관한 소신과 확신을 가지고 보육교사로 일하던 어린이집 담임교사가 자신의 책상 서랍에 넣어둔 초콜릿이 없어졌다는 사실을 알게 되었다. 조사 결과 해당 반의 만 4세 남자아이의 소행이었다. 담임은 그 아이를 불러 주인의 허락 없이 남의 물건에 손을 대는 것은 잘못이라는 사실을 알려주고, 재발 방지를 위해 친구들이 보는 가운데 자로 손바닥 3대를 때렸다. 그리고 집에 돌아가서 초콜릿을 다시 사오라고 했다. 보육교사는 이와 같은 사실을 부모님에게 보내는 대화장에 자세하게 적어 보냈는데 이 사실을 알게 된 부모가 즉각 문제를 제기한 것이다.

그 결과 어린이집 측이 부모에게 백배사죄하고 해당 교사는 해임되는 것으로 사건은 일단락되었다. 그러나 이 사건은 어린이집 보육교직원들이 체벌과 학대에 대한 개념을 숙지하고 있어야 한다는 커다란 교훈을 남겼다.

불과 몇 해 전의 일이지만 해당 교사는 자신의 행동이 아동학대 사유에 해당될 수 있다는 사실에 대해 무지했음을 알 수 있다.

선생님과 부모 간의 불신에서 비롯된 상처

다음 사례는 어린이집 보육교사에 대한 부모의 강한 불신, 서로 간의 소통 부족에서 빚어진 안타까운 사건이다. 교사들은 아이 보육을 위해 애정을 쏟고 최선을 다했으나 하루아침에 학대교사가 되어버렸고, 어린이집 원장은 씻을 수 없는 범죄자가 되었으며, 아이 부모와 가족들은 또 나름대로 상담치료를 받아야 할 정도로 극단적인 상황으로 치달았다.

> 부모님과 함께 주말을 보내고 등원하는 월요일 아침은 아이들 지도에 조금 어려움이 있다. 그러나 이날은 어린이집에서 매주 이루어지는 '숲 체험 활동'이 있는 날이기에 아이들은 대체적으로 기분이 좋았다. A는 평소와 같이 집에서 가지고 놀던 자신의 놀잇감(파워레인저)을 그대로 들고 등원했다. 선생님은 A의 로봇을 치워두셨고 이 일로 A는 기분이 몹시 상한 모양이다. 숲 체험 활동을 마치고 어린이집으로 돌아온 후에도 A는 내내 속이 상했던지 사소한 일에도 눈물을 보이고 고집을 부렸다.
>
> 점심 식사 지도를 위해 담임은 A를 달래어 화장실로 데려가 눈물을 닦이고 세수도 시켰다. 그러나 A는 좀체 진정되지 않았다. 담임은 A의 특성을 잘 알고 있는 터라 일시에 감정을 정리하기보다는 A에게

잠시 시간을 주는 것이 나을 것 같다는 판단이 들었다. 그래서 화장실에 그대로 둔 채 밖으로 나와 동료 교사에게 이와 같은 상황을 이야기하고 다른 아이들의 점심 식사 지도를 하였다. 잠시 후 동료 교사가 A에게 갔을 때는 어느 정도 진정이 되어 있는 듯 보였고, 이러한 사실을 담임에게 전한 동료 교사는 자신이 맡은 반 아이들의 점심 식사 지도를 하였다.

다시 담임이 A에게 갔을 때는 완전히 눈물을 멈추고 감정이 회복된 상태였다. 안아서 격려해주고 이후에는 집에서 놀던 장난감은 어린이집에 가져오지 않겠다고 약속하고 점심을 먹기로 했다.

담임은 당일 일어난 일을 평소대로 대화장을 통해 부모님께 전달하였다. 교사는 자신이 한 행동이 문제가 될 수 있다고 생각하기보다는 부모님께 의논드리고 협조를 구하는 것이 적절하다고 판단했다.

그러나 어머님께서는 그 일로 서운한 감정을 내비치셨고 다음날 퇴소 의사를 밝혔다. 뒤늦게 이러한 사실을 알게 된 원장은 이런 저런 이야기로 양해를 구했으나 부모님의 뜻이 완강하여 끝내 서운한 마음을 달래드리지 못한 채 작별 인사했다.

다음 날 A의 부모님께서는 재차 어린이집을 방문해 사건 당일 A를 훈육하는 과정에서 '화장실 문을 열어두었는지, 닫고 나왔는지' 여부를 물었다. 아이가 혼자일 때는 문을 열어두는 것이 통상적이기에 아무런 확인 없이 열어두었다고 대답했다.

이어 부모님께서는 CCTV를 보여줄 것을 요구했다. 순간 당황했고, 그대로 CCTV를 보여드리는 것이 옳은 것인지도 판단이 서질 않았다. 그래서 열람 여부에 대해 좀 더 알아보기로 하고 일단 부모님을 돌려보냈다. 즉시 열람하지 못하게 하는 것이 조작을 위함이라고 여긴 어머님은 잠시 후 다시 오셔서 즉시 보여줄 것을 요청했으며, 그 과정에서 옥신각신하게 되었다.

그동안 관계가 나빴던 것도 아니고 아이를 두고 이렇게까지 되는 것은 상상조차 할 수도 없던 일이었다. 정말 매스컴에서나 보았던 일들이 자신의 원에서 일어나는 것이 아닌가? 순간 겁이 덜컥 난 원장은 그 짧은 순간에도 혹시 나쁜 소문으로 최근 실시된 ○○형 어린이집 재평가에 악영향을 미치면 어떡하지 하는 불안감마저 일었다. 어떡해서든 어머님을 설득해 문제를 더 이상 확대하지 않고 마무리 짓고 싶은 마음이 앞섰다. 그럴수록 어머님은 막무가내였고, 이 과정에서 상호 간 예기치 못한 부상까지 입게 되었다. 이런 일로 부모와 심하게 다투게 되고 법정 시비로까지 이어지게 될 줄은 정말 상상도 못한 일이다.

과연 잘못은 누구에게 있는가? 부모와 보육교사, 보육교사와 원장 간의 약간의 소통 부족조차도 상호간에 돌이킬 수 없는 상처를 입히는 결과를 초래하기도 한다. 이처럼 보육 현장에서 원만한 커뮤니케이션을 위해 끊임없이 고민해야 함을 알 수 있다.

CCTV 열람과 분쟁의 2라운드

최근 아동학대 사례는 CCTV 확인 결과에 따른 물증 확보라는 새로운 국면으로 전환되는 분위기다. 2017년 현재 대부분의 어린이집에는 CCTV가 의무 설치되어 있다. 이제는 일단 의심스러우면 CCTV 열람을 요청해오고 있다.

다음은 CCTV 열람에 대한 정보와 관련 법령을 알아보고 CCTV 확인 결과를 토대로 조치가 이루어진 아동학대 사례를 살펴보겠다.

어린이집 영상정보 요청을 위한 사유

보호자는 자녀가 '아동학대, 안전사고 등으로 정신적 피해 또는 신체적 피해를 입었다고 의심되는 경우'에 CCTV 열람을 요청할 수 있도록 하고 있다(영유아보육법시행규칙 제9조의 4).

위 규정으로만 보면, 마치 열람 사유를 일정하게 제한하고 있는 것처럼 보이나, 사실상 열람에 제한이 없는 것이나 다름없다. 보호자가 피해를 입었다고 주관적으로 '의심'하는 경우에는 무조건 열람을 요청할 수 있도록 하고 있기 때문이다. 아동학대에 대한 어떠한 구체적 증거가 없어도 보호자가 의심하는 경우에는 열람을 시켜주어야 한다는 데서, 여기서부터 어린이집과 보호자의 갈등은 시작되는 것이라고 볼 수 있다.

또한 현행법상 CCTV의 열람은 '아동학대, 안전사고 등으로 정신적 피해 또는 신체적 피해를 입었다고 의심되는 경우'에만 허용되는 것이므로 아동의 활동 전반과 교우관계를 파악하기 위해 열람을 요청하는 경우에는 당연히 허용될 수 없다. 그러나 현장에서는 보호자의 일방적인 요구를 거부하지 못하고 대부분 수용하는 것이 현실이다.

어린이집 영상정보 열람 전 확인해야 할 사항

첫째는 열람 시기의 문제다.

현장에서는 보호자가 어린이집을 방문하여 즉시 CCTV의 열람을 요구하고, 원장은 마지못해 원 운영 시간 중임에도 시간을 들여 열람을 해주는 경우가 많다. 이 경우 다른 아동이나 교사들의 사생활 침해 등의 2차적인 피해가 우려되고, 애초에 제기한 문제를 발견하지 못하거나 새롭게 드러난 사항들로 인해 2차, 3차 분쟁으로 이어지는 경우까지 흔히 예상할 수 있다.

따라서 보호자로부터 즉시 열람을 요구받은 경우에는 법에서 정하고 있는 절차에 대해 충분히 설명한 후 열람요청서 및 근거자료를 제출받고, 열람여부, 시간 및 장소 등을 별도로 통보해주어야 또 다른 분쟁을 방지할 수 있다.

보건복지부 가이드라인(2016. 1.)에 의하면, "피해 사실이 적시되어 있는 의사소견서를 제출하거나, 관계 공무원, 어린이집 운영위원장 등이 동행하여 즉시 열람을 요구하는 경우에는 즉시 열람할 수 있도록 조치하여야 한다"라고 규정하고 있는데(제13쪽), 설사 의사소견서를 제출하거나 관계 공무원 등이 입회한다고 하더라도 앞서 지적한 보호자의 즉시 열람에서 발생할 수 있는 분쟁의 소지는 여전히 남는다.

둘째는 열람 범위의 문제다.

현장에서는 보호자가 저장된 60일분을 모두 직접 열람하겠다고 요구하는 경우도 종종 있다. 이 경우 보육업무에 막대한 지장을 초

래함은 물론 앞서 언급한 2차 피해의 우려도 높다. 법률상 열람청구권이 인정된다고 하더라도 열람은 보육에 지장이 없는 범위 내에서, 열람 목적의 달성에 필요한 최소한의 범위 내에서 이루어져야 함은 당연하다. 그런데 보건복지부 가이드라인은 이러한 원칙을 천명하면서도 보호자와 원장이 협의하여 열람의 범위를 정하도록 하고 있어서(제14쪽) 현실성이 떨어진다는 지적이 있다. CCTV의 열람 청구 상황이라면 이미 보호자와 원장 간에 신뢰가 깨진 상태에서 사실상 협의가 불가능한 상황이기 때문이다.

셋째는 열람 형태의 문제다.

앞서 지적한 바와 같이 즉시 열람은 지양되어야 하고, 보육에 지장을 주지 않는 시간과 장소를 별도도 지정하여 열람을 실시하여야 한다.

그뿐만 아니라 현장에서는 보호자가 CCTV 영상자료를 전자파일 형태로 제공해달라고 요구하는 경우가 많고, 실제로 일부 어린이집의 경우에는 USB에 복사하여 제공하였다가 그러한 내용이 언론에 보도되는 경우도 종종 있다.

원래 '열람'의 사전적 의미는 '책이나 문서 따위를 죽 훑어보거나 조사하면서 본다'는 것이어서, 눈으로 살펴보는 것만으로 열람의 목적을 달성할 수 있다고 보여지는데, 실제 현장에서는 영유아보육법

령이나 보건복지부 가이드라인에 대한 해석상의 차이로 열람 형태
에 대한 의견이 분분한 것도 현실이다.

　다만 보건복지부 가이드라인에 의하면, 열람 요청을 받은 어린이
집은 10일 이내에 열람 시기, 장소, 방법 등을 정하여 보호자에게
통보하도록 하고 있는데, 그 결정통지서 양식(별지 제7호 서식)에는 열
람 형태로 "열람·시청, 사본·출력물, 전자파일, 복제물·인화물, 기
타"를 열거하고 있어서, 전자파일 형태의 영상자료 제공이 가능한
듯한 취지로 해석된다.

　그러나 전자파일 형태의 영상자료 제공이 가능하다고 하더라도
다른 정보 주체의 사생활 침해가 발생하지 않도록 기술적 보호조치
를 한 후에 제공하는 것이 추가적 사고를 예방할 수 있다.

영상자료 열람을 거부할 수 있는 경우

현장에서는 보호자의 CCTV 열람 요청에 대하여 거부하는 경우는
거의 없다. 보호자가 아동학대 등을 주장하는 상황에서 어린이집
이 을의 입장에서 거부하기가 쉽지 않기 때문이다. 그러나 아무런
근거도 없이 막무가내로 열람을 요청하는 경우에는 법에서 정한 절
차에 따라 열람의 거부를 신중히 행사할 필요가 있다. 영유아보육
법시행규칙(제9조의 4 제3항) 및 보건복지부 가이드라인(제15쪽)에 의하

면, 어린이집 운영위원장이 피해의 정도, 사생활 침해 등 제반사항을 고려하여 열람을 거부하는 것이 영유아의 이익에 부합된다고 판단하는 경우 열람을 거부할 수 있도록 하고 있으므로, 문제가 발생 시 운영위원회를 열어 열람 여부를 결정하는 것도 한 가지 방법이 될 수 있겠다.

한편 보건복지부 가이드라인에 의하면, 열람 요청과 관련한 정보 주체의 권리행사 및 불복수단에 관한 내용은 '공공기관의 정보공개에 관한 법률'을 준용하도록 하고 있는데(제15쪽), 위 법률에 의하면 공공기관은 공개 청구된 공개 대상 정보의 전부 또는 일부가 제3자와 관련이 있다고 인정할 때에는 그 사실을 제3자에게 지체 없이 통지하여야 하며, 필요한 경우에는 그의 의견을 들을 수 있도록 하고 있고(제11조 제3항), 공개 청구된 사실을 통지받은 제3자는 그 통지를 받은 날부터 3일 이내에 해당 공공기관에 대하여 자신과 관련된 정보를 공개하지 아니할 것을 요청할 수 있도록 하고 있으며, 이러한 비공개 요청에도 불구하고 공공기관이 공개 결정을 한 경우에 제3자는 해당 공공기관에 문서로 이의신청을 하거나 행정심판 또는 행정소송을 제기할 수 있도록 구제절차를 마련하고 있다(제21조).

위 관련법의 규정을 고려하면, 어린이집 입장에서 뿐만 아니라 CCTV 영상자료의 정보 주체인 교사 또는 다른 아동들이 CCTV 자료의 열람을 거부할 수 있는 여지도 있다고 판단된다(다만, 개인정보보호 조치를 강구한 경우는 예외로 한다).

관계 공무원 등의 열람

|

현장에서는 지방자치단체의 보육 담당 공무원이 교사의 정상적인 근무 여부 확인 등 행정지도 감독의 방편으로 CCTV 열람을 요구하는 사례도 종종 발생하고 있다. 현행 보건복지부 가이드라인 (2016. 1.)에 의하면, '보육 담당 공무원의 경우에도 안전 관련 업무 수행 이외의 열람 요청은 제한된다'고 명시적으로 규정하고 있다. 따라서 아직도 안전업무와 무관하게 관행적으로 이루어지고 있는 지자체에 의한 열람 요구에 대하여는 이의제기를 할 필요가 있다.

한편 아동학대 고소사건이 접수된 경우 경찰이 어린이집에 출동하여 60일 분의 저장된 영상자료 전부를 수거해가는 경우가 많다. 범죄수사를 위한 경우라도 원칙적으로는 법원이 발부한 영장이 있어야 자료를 제공할 수 있다. 그러나 아동학대 사건이 경찰 수사로 전환된 경우에는 어린이집이 상대적으로 소극적인 입장에서 대처할 수밖에 없는 실정이어서 대부분 임의제출 형태로 자료를 제공하고 있는 것이 현실이다.

사례 1 **만 2세 여아에 대한 정서학대 및 방임**

이 사건은 만 2세 여자아이가 1주일 전에 어린이집에서 돌아왔을 때 턱에 멍 자국이 있었고, 그 다음날은 볼에, 또 그 다음날은 턱과 볼 사이에 멍이 든 채 하원을 했으며, 제대로 걷지 못하고 절뚝거려 확인해보니 발바닥이 부어 있었다고 신고접수되었다.

아동보호전문기관은 총 4회에 걸쳐 현장조사를 실시했고, 어린이집 원장(학대행위자)은 "턱은 욕조에 부딪쳐서 멍이 생겼고, 로션을 발라주었다. 볼에 멍이 생긴 이유는 모르겠다"라며 학대행위를 부인했다. CCTV 화면만으로는 뺨을 때리는 것인지 객관적으로 판단하기 어려워 보였다.

학대 판정의 객관성을 확보하고자 2명의 보육 전문가에게 1주일간의 CCTV 녹화분을 분석 의뢰한 결과, 보육 전반에 걸쳐 방임 소견이 나왔다.

학기 초 적응하지 못하는 ○○(만 2세 여아)를 달래주지 않고 한두 시간을 그대로 방치하였으며, 공개된 장소에서 아동의 기저귀를 갈아주는 등의 행위를 함으로써 아동들로 하여금 정서적 모욕감을 느끼게 했고, 원장과 보육교사 간 불화로 공포 분위기를 조성하는 등 아동들의 정서에 부정적인 영향을 준 것으로 판단되었다. 또한 아동들이 낮잠을 자는 방에 교사가 부재하거나 시설의 안전관리 부분에서도 소홀한 점들이 다수 지적되었다.

조사 결과 정서적 안정감을 앗아가는 보육환경을 제공한 어린이
집에 대한 책임을 물어 보조금 반환처리 등의 행정처분을 받게 되
었다.

사례 2 만 2세 남아에 대한 신체학대 및 방임

아이가 어린이집에 다녀와 엄마에게 이렇게 말했다. "배가 아파서 누
워 있었는데 선생님이 엉덩이를 때리고 벽을 보고 서 있으라고 했어
요." 이 이야기를 들은 부모가 사실 확인을 위해 어린이집에 문의를
했지만 어린이집에서는 전혀 모르는 일이라고 했다.

그러나 부모가 어린이집에 가서 CCTV를 확인해보니, 낮잠 시간
인 오후 1시경 아동들을 재운 후 교사가 30분 이상 자리를 비운 사
실이 확인되었으며, 잠에서 깬 ○○가 선생님을 찾았지만 보이지 않
아 20분 이상 교실을 돌아다니다 소변을 지렸다. 이후 귀가 시간이
되어 선생님이 ○○의 엉덩이를 한 차례 때린 후 벽에 세워두는 모습
도 확인되었다.

현장조사에서 해당 교사는 아이들만 재운 후 자리를 비운 것은
사건 당일 낮잠 시간에 원장의 호출이 있어 아이들이 잠든 것을 확
인하고 자리를 비웠다고 했다. 그날 외에는 한 번도 아이들만 남겨

둔 채로 자리를 비운 적이 없다고 진술했다. ○○에 대한 엉덩이 체벌에 대해서는 "전혀 인식하지 못했다. CCTV를 보고 나서야 그런 일이 있었다는 것을 알게 되었다"라고 진술했다.

조사 결과 아동에 대한 신체학대 및 방임으로 판단되었으며 학대행위를 한 교사는 해임되었고 해당 어린이집은 보조금 반환처리 등의 행정처분을 받았다.

사례 3 　만 4세 아동에 대한 신체학대 및 정서학대

"선생님이 머리를 때렸어" "자로 손바닥 때리고 발로 찼어" "점심 늦게 먹는다고 나 혼자 두고 선생님이 친구들만 데리고 바깥놀이를 갔다 왔어" 별님반 여러 명의 아이들이 비슷한 이야기를 하자 엄마들이 사실 여부를 확인하기 위해 어린이집에 방문하여 함께 CCTV를 확인한 결과, 아동학대 의심 장면이 다수 확인되었다. 예를 들면 교사가 뛰어오는 A(만 4세 남아)의 가슴을 밀치는 장면이 2회 관찰되었고, 식사 중인 B(만 4세 여아)를 과도하게 책상에 밀치는 장면이 관찰되었으며, C(만 4세 남아)의 산만한 행동을 바로잡는다며 2회에 걸쳐 40분간 타임아웃을 시행하기도 했다. 이는 아동의 연령을 고려했을 때 지나친 감이 있다고 판단되었으며, 아동보호전문기관에서는 모든 정황을 바탕으로 아동학대(신체·정서학대)로 판정했다.

학대행위를 한 교사에 대해 어린이집 원장이 사전에 파악하고 있었는지 여부 등을 조사한 바, "해당 교사는 평소 보육 태도가 거친 편이기는 하였지만 아동을 때리는 등의 행동을 보인 적은 없었다. 다만 아동에게 함부로 한다는 항의전화가 있어 교사들에게 전체적으로 주의를 준 적은 있었다"라고 진술했다.

조사 결과 어린이집에 대한 보조금 지급 중지 및 벌금이 부과되었으며, 별도로 학대 행위자인 교사에 대한 고소고발이 이뤄져 집행유예 2년의 징역형이 언도되었다. 물론 교사직에서 해임 조치되었다.

사례 4 만 1세 남아에 대한 신체학대 및 방임

아이의 이마에 멍 자국과 함께 타박상 흔적이 있어, CCTV 확인 결과 A군이 약 17분간에 걸쳐 자해한 장면이 포착되었다. 해당 아동의 부모는 자신의 아이가 자해하는 것을 그대로 둔 담임교사에 대해 강한 불만을 제기하며 어린이집 측과 교사에게 사과를 요구했다.

그러나 해당 담임교사는 이를 수용하지 않았다. A는 유독 담임교사에 대한 독점욕이 강해 다른 아이들에게 관심을 보이는 것을 허락하지 않았으며 자신의 뜻이 수용될 때까지 자해행위도 서슴지 않았다고 한다.

이런 A를 적응시키기 위해 담임교사가 겪은 육체적·정신적 고통은 심했다. 이런 자신의 고통은 조금도 헤아려주지 않고 일방적으로 사과를 요구한 것에 대해 원장과 부모에게 오히려 서운한 감정을 보이며 사직하겠다고 한 것이다.

아동의 부모는 해당 교사를 비롯 어린이집 측을 아동학대(방임) 혐의로 고소하겠다고 흥분했으며, 해당 어린이집 원장은 "교사의 심정은 십분 이해"하지만, 당장 이 일로 그간 자신이 쌓아온 어린이집에 대한 공신력(최근 지정받은 ○○형 공인)이 하루아침에 무너질 것을 염려하여 어떻게 해서든 문제를 조기에 해결해보고자 교사에게 사과를 강권하고 부모님께도 용서를 구하고 있다는 것이다.

2015년 인천에서 발생한 아동학대사건은 우리 사회에 많은 변화를 가져왔다. 그 가운데 대표적인 것은 전국의 모든 어린이집에 CCTV가 의무 설치되고, 24시간 감시체제를 갖추게 된 것이다. 하나의 인권을 지키기 위해 또 하나의 인권은 포기되어도 좋다는 사회적 합의를 어떻게 받아들여야 할지 어려운 숙제로 남는다.

선생님이 알아두어야 할
아동학대의 개념과 조치 방안

다음은 '어린이집 아동학대 예방 및 조치요령'(2017년도 '보육사업안내' 및 보건복지부 자료에서 참조)에 대한 주요 내용이다. 아동학대에 대한 기본 개념부터 잘 숙지하여 영유아 교육기관에서 불미스러운 일이 발생하지 않도록 미연에 방지해야 할 것이다.

1. 아동학대의 정의

보호자를 포함한 성인이 아동의 건강 또는 복지를 해치거나 정상적 발달을 저해할 수 있는 신체적·정신적·성적 폭력이나 가혹행위를 하는 것과 아동의 보호자가 아동을 유기하거나 방임하는 것을 말한다(아동복지법 제3조 제7호).

※ 아동보호전문기관은 학대로 인해 보호가 필요한 만 18세 미만의 아동에 대하여 개입 및 조치를 취할 수 있다.

※ 아동학대범죄 : 아동학대 중 보호자에 의한 아동학대를 아동학대범죄로 규정(아동학대범죄의 처벌 등에 관한 특례법 제2조 제4호).

※ 보호자란 친권자, 후견인, 아동을 보호·양육·교육하거나 그러한 의무가 있는 자 또는 업무·고용 등의 관계로 사실상 아동을 보호·감독하는 자를 말함(아동복지법 제3조제3호).
  – 따라서, 아동이 어린이집에서 보육을 받는 시간 동안 당해 아동을 담당하는 보육교직원도 보호자에 해당됨.

아동학대 법적 정의

아동복지법 제17조(금지행위) 누구든지 다음 각 호의 어느 하나에 해당하는 행위를 하여서는 아니된다. 〈개정 2014.1.28〉
1. 아동을 매매하는 행위
2. 아동에게 음란한 행위를 시키거나 이를 매개하는 행위 또는 아동에게 성적 수치심을 주는 성희롱 등의 성적 학대행위
3. 아동의 신체에 손상을 주거나 신체의 건강 및 발달을 해치는 신체적 학대행위

4. 삭제〈2014.1.28.〉

5. 아동의 정신건강 및 발달에 해를 끼치는 정서적 학대행위

6. 자신의 보호·감독을 받는 아동을 유기하거나 의식주를 포함한 기본적 보호·양육·치료 및 교육을 소홀히 하는 방임행위

7. 장애를 가진 아동을 공중에 관람시키는 행위

8. 아동에게 구걸을 시키거나 아동을 이용하여 구걸하는 행위

9. 공중의 오락 또는 흥행을 목적으로 아동의 건강 또는 안전에 유해한 곡예를 시키는 행위 또는 이를 위하여 아동을 제3자에게 인도하는 행위

10. 정당한 권한을 가진 알선기관 외의 자가 아동의 양육을 알선하고 금품을 취득하거나 금품을 요구 또는 약속하는 행위

11. 아동을 위하여 증여 또는 급여된 금품을 그 목적 외의 용도로 사용하는 행위

＊출처: 아동복지법 제 17조 〈개정 2014.1.28〉

2. 아동학대의 유형

아동복지법 제17조〈개정 2014.1.28.〉에 따르면 아동학대 유형은 신체학대, 정서학대, 성학대, 방임으로 구분된다. 아동학대 유형에 따라 구체적 예를 살펴보면 다음과 같다.

도표26 아동학대 유형 및 구체적 예

유형	구체적 행위의 예
신체학대	• 직접적으로 신체에 가해지는 행위(손,발 등으로 때림, 꼬집고 물어뜯는 행위, 조르고 비트는 행위, 할퀴는 행위 등) • 도구를 사용하여 신체를 가해하는 행위(도구로 때림, 흉기 및 뾰족한 도구로 찌름 등) • 완력을 사용하여 신체를 위협하는 행위(강하게 흔듦, 신체부위 묶음, 벽에 밀어붙임, 떠밀고 잡음, 아동 던짐, 거꾸로 매담, 물에 빠트림 등) • 신체에 유해한 물질로 신체에 가해지는 행위(화학물질 혹은 약물 등으로 신체에 상해를 입히는 행위, 화상을 입힘 등)
정서학대	• 원망적/거부적/적대적 또는 경멸적인 언어폭력 등 • 잠을 재우지 않는 것 • 벌거벗겨 내쫓는 행위 • 형제나 친구 등과 비교, 차별, 편애하는 행위 • 가족 내에서 왕따 시키는 행위 • 아동이 가정폭력을 목격하도록 하는 행위 • 아동을 시설 등에 버리겠다고 위협하거나 짐을 싸서 쫓아내는 행위 • 미성년자 출입금지 업소에 아동을 데리고 다니는 행위 • 아동의 정서 발달 및 연령상 감당하기 어려운 것을 강요하는 행위(감금, 약취 및 유인, 아동 노동착취) • 다른 아동을 학대하도록 강요하는 행위
성학대	• 자신의 성적 만족을 위해 아동을 관찰하거나 아동에게 성적인 노출을 하는 행위(옷을 벗기거나 벗겨서 관찰하는 등의 관음적 행위, 성관계 장면을 노출, 나체 및 성기 노출, 자위행위 노출 및 강요, 음란물을 노출하는 행위 등) • 아동을 성적으로 추행하는 행위(구강추행, 성기추행, 항문추행, 기타 신체 부위를 성적으로 추행하는 행위 등)

성학대	• 아동에게 유사성행위를 하는 행위(드라이성교 등) • 성교를 하는 행위(성기삽입, 구강성교, 항문성교) • 성매매를 시키거나 성매매를 매개하는 행위
방임	〈 물리적 방임 〉 • 기본적인 의식주를 제공하지 않는 행위 • 불결한 환경이나 위험한 상태에 아동을 방치하는 행위 • 아동의 출생신고를 하지 않는 행위, 보호자가 아동들을 가정 내 두고 가출하는 경우 • 보호자가 아동을 시설 근처에 두고 사라진 경우 • 보호자가 친족에게 연락하지 않고 무작정 아동을 친족 집 근처에 두고 사라진 경우 등 〈 교육적 방임 〉 • 보호자가 아동을 특별한 사유없이 학교(의무교육)에 보내지 않거나 아동의 무단 결석을 방치하는 행위 〈 의료적 방임 〉 • 아동에게 필요한 의료적 처치 및 개입을 하지 않는 행위 〈 유기 〉 • 아동을 보호하지 않고 버리는 행위 • 아동을 병원에 입원시키고 사라진 경우 • 시설 근처에 버리고 가는 행위

* 출처 : 중앙아동보호전문기관 홈페이지 (www.korea1391.org) 재편집

도표27 아동학대 발생원인

가정		어린이집	
부모 요인	• 양육에 대한 지식 부족 • 부모의 그릇된 아동관 및 양육관(아동 존중에 대한 인식 부족) • 영유아에게 지나친 기대 • 어릴 적 학대받은 경험 • 불안, 우울증, 기타 정신질환 • 미성숙 또는 자아존중감이 낮은 경우	보육교사 요인	• 과도한 업무와 스트레스 • 아동발달과 보육에 대한 지식 부족 • 그릇된 아동관 및 보육관(아동 존중에 대한 인식 부족) • 영유아에게 지나친 기대 • 어릴 적 학대받은 경험 • 불안, 우울, 기타 정신질환

부모 요인	• 알코올중독·약물중독 • 정서적 욕구불만 또는 사회적 고립 • 부모의 분노, 좌절 혹은 성적욕구와 같은 충동과 감정조절의 무능력	보육교사 요인	• 미성숙 또는 자아존중감이 낮은 경우
가정·지역 사회 요인	• 가족관계 문제 • 신체적 체벌에 허용적인 문화 • 아동을 존중하지 않는 문화 • 자녀에 대한 소유 의식 • 사회적 고립 및 사회적 지지체계 결여	어린이집 요인	• 영유아 발달에 부적합한 환경 • 교사교육 부족 • 영유아 문제 지도방안에 대한 어린이집 내 논의 부족 • 영유아 문제 해결을 위한 전문기관과의 연계 부족 • 인성과 자질이 부족한 교사 채용

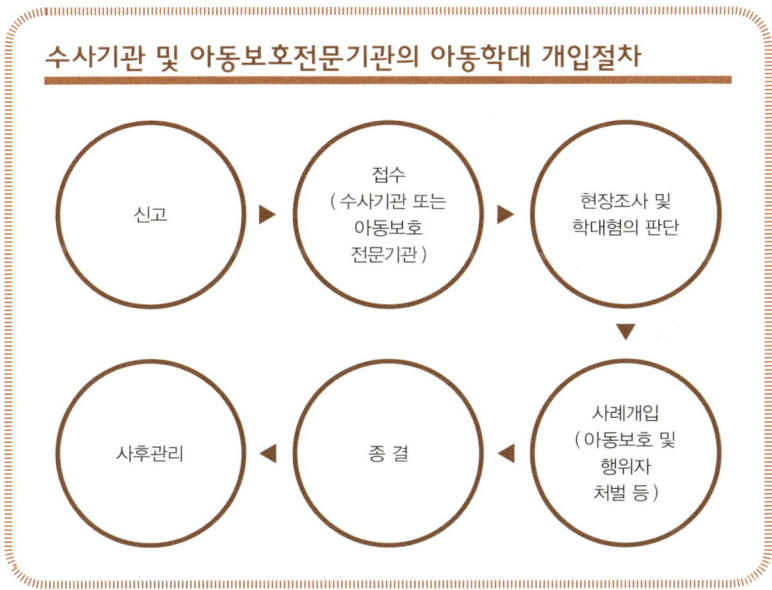

수사기관 및 아동보호전문기관의 아동학대 개입절차

신고 ▶ 접수 (수사기관 또는 아동보호 전문기관) ▶ 현장조사 및 학대험의 판단

↓

사후관리 ◀ 종 결 ◀ 사례개입 (아동보호 및 행위자 처벌 등)

3. 아동학대 신고

- 아동학대 신고전화: 112

  ※ 2014.9.29.부터 아동학대 신고전화가 112로 통합

4. 아동학대 신고의무자(아동학대범죄의 처벌 등에 관한 특례법 제10조)

- 어린이집 보육교직원은 아동학대범죄의 처벌 등에 관한 특례법 제10조의 규정에 의한 신고의무자로서 직무상 아동학대를 알게 된 경우 및 의심되는 경우 즉시 112 등에 신고하여야 한다.
- 신고의무를 이행하지 않을 경우 500만 원 이하의 과태료를 부과한다(아동학대범죄의 처벌 등에 관한 특례법 제63조).
- 신고인의 신분은 보호되며 그 의사에 반하여 신원이 노출되지 않는다.

5. 아동학대금지행위 위반 시 어린이집의 장 또는 보육교사의 자격취소

- 보건복지부장관은 어린이집의 장 또는 보육교사가 〈아동복지법〉 제3조 제7호의2에 따른 아동학대관련범죄로 처벌을 받은 경우에는 그 자격을 취소할 수 있다.

6. 아동학대 등 금지행위가 발생한 시설에 대한 조치사항

- 어린이집 설치·운영자(보육교직원 등 설치·운영자의 관리·감독하에 있

는 자 포함)가 〈아동복지법〉 제3조제7호에 따른 아동학대 행위를 한 경우에는 법 제45조에 따라 1년 이내의 어린이집 운영정지 또는 어린이집의 폐쇄를 명할 수 있다.

- 다만 설치·운영자가 그 행위를 방지하기 위하여 상당한 주의와 감독을 게을리하지 아니한 경우 제외한다.
- 설치·운영자의 상당한 주의와 감독 여부에 대해서는 학대행위 신고여부 등을 종합적으로 고려하여 판단한다.
- 평가인증 어린이집의 대표자, 원장 또는 보육교직원이 〈아동복지법〉 또는 〈아동·청소년의 성보호에 관한 법률〉을 위반한 경우 인증(참여)을 취소한다.
- 아동학대 사례 인지 시 수사기관(관할 경찰서 또는 112)에 신고 및 관할 아동보호전문기관에 통보하여 합동조사하거나 피해아동에 필요한 조치를 취하고 관련 내용을 시·도 및 보건복지부에 즉시 보고한다.
- 아동학대 신고자에 대해서는 별도의 규정에 따른 포상금 지급이 가능하다.

7. 성범죄 등 신고 의무

- 〈성폭력 방지 및 피해자보호 등에 관한 법률〉 제9조에 따라, 어린이집의 보육교직원은 보호하는 사람이 성폭력 범죄의 피해자인

사실을 안 때에는 즉시 수사기관에 신고하여야 한다.

- 〈아동·청소년의 성보호에 관한 법률〉 제34조에 따라 어린이집의 보육교직원은 직무상 아동 대상 성범죄가 발생한 사실을 알게 된 때 즉시 그 사실을 수사기관에 신고하여야 하며, 신고를 하지 않거나 거짓으로 신고한 경우 300만 원 이하의 과태료 부과한다.

■ 아동학대 범죄의 처벌 등에 관한 특례법 핵심 내용

「아동학대 범죄의 처벌 등에 관한 특례법」 제정(2014.1.28)과 아동복지법 개정으로 피해 아동보호와 가해자의 처벌이 강화되었다.

- 아동학대범죄 가중 처벌 규정 신설
  (학대치사) 무기 또는 5년 이상 징역
  (학대중상해) 3년 이상 징역
  (상습범 및 신고의무자 아동학대시) 형량의 1/2 가중처벌
- 아동학대 범죄 전력자 10년간 아동 관련 기관 취업·운영 금지
- 중상해 및 상습학대 행위자는 검사가 친권상실 청구
- 신고의무자 제도 강화(과태료 500만 원 상향 조정, 아이돌보미 등 직권 확대)
- 현장 조사권 강화–학대 행위자 임시 조치(친권제한, 격리 등 최장 4개월)
- 피해자 국선변호사 및 진술조력인 제도 도입(기존은 성폭력 사건만 혜택)
- 아동보호전문기관장이 법원에 '피해아동보호명령' 청구 가능

UN아동권리협약(UN Convention on the Rights of the Child: CRC)

의미

1989년 11월 20일 국제연합(UN)에서 채택된 국제 인권 조약으로, 아동의 권리를 규정하였으며, 아동을 권리의 주체로 인식하게 된다.

아동은 신체적·정신적으로 발달단계에 있기 때문에 어른과는 달리 적절한 보호를 포함한 특별한 보호와 배려가 필요하다. 모든 아동이 안전하고, 행복하며, 충족된 환경에서 자신이 가진 잠재력을 충분히 발휘하기 위해 필요한 것을 총망라해놓은 것이 UN아동권리협약이다(교육과학기술부, 2013).

총 54개 조항으로 구성된 UN아동권리협약은 아동권리보호를 목적으로 만들어졌으며 아동을 권리를 가진 주체로 인정하고 가장 많은 국가의 비준을 받은 협약으로 모든 인권의 영역을 포괄하고 있는 최초의 국제협약이라는 데 큰 의의가 있다. 총 54개 조항 중 기본 권리는 다음 4개의 기본원칙을 바탕으로 하고 있다.

도표28 기본원칙

기본원칙	내용
무차별의 원칙 (2조)	모든 어린이는 동등한 권리를 누려야 한다.
아동 최선의 이익 원칙 (3조)	아동에게 영향을 미치는 모든 것을 결정 시에는 아동의 이익을 최우선으로 고려해야 한다.
생존 및 발달 보장의 원칙 (6조)	생존과 발달을 위해 다양한 보호와 지원을 받아야 한다.
참여의 원칙 (12조)	어린이 자신의 능력에 맞게 적절한 사회활동에 참여할 기회를 가지며, 자신의 생활에 영향을 주는 것에 대하여 의견을 말할 수 있어야 하며 그 의견은 존중받아야 한다.

UN 아동권리협약의 아동권리 기본권 4가지

❶ 생존권

기본적인 삶을 누리는 데 필요한 권리이다. 안전한 주거지에서 살아갈 권리, 충분한 영양을 섭취하고 기본적인 보건 서비스를 받을 권리이다.

❷ 발달권

잠재능력을 최대한 발휘하는 데 필요한 권리이다. 교육받을 권리, 여가를 즐길 권리, 문화생활을 하고 정보를 얻을 권리, 생각과 양심·종교의 자유를 누릴 권리가 이에 해당한다.

❸ 보호권

학대, 방임, 약물, 성폭력 등 유해한 것으로부터 보호받을 권리이다.

❹ 참여권

자신의 나라와 지역사회 활동에 적극적으로 참가할 수 있는 권리이다. 자신의 의견을 표현하고 자신의 삶에 영향을 주는 문제들에 대해 발언권을 가지며, 단체에 가입하거나 평화적인 집회에 참여할 수 있는 자유이다(교육과학기술부, 2013).

어린이집을 이용하는 부모와 보육교사의 바람직한 자세 검토

❶ 부모의 자세

근무처가 지방인 아버님의 몫까지 육아와 집안일을 혼자 감당하고 있는 쌍둥이 남매 지훈(3세)과 지원(3세)의 어머님은 워킹맘이다.

매일 아침 7시 40분이면 유모차에 두 남매를 태우고 어린이집에 등원하는 어머님은 이른 아침이지만 특별한 날을 제외하고는 항상 두 남매에게 아침밥을 먹이고 왔다. 간혹 집에서 먹이지 못했을 때는 조금 넉넉히 준비된 도시락을 어린이집 보육교사에게 전달하여 두 아이의 아침을 거르지 않게 챙겨주었다.

모처럼 쉬는 날이면 부모님들은 으레 늦잠도 자고, 아이들을 어린이집에 보내 밀린 집안일을 하거나 개인적인 용무를 보는 것이 일반적이다. 하지만 이와 달리 두 남매를 만난 지 벌써 3년째 접어드는 가운데에서도, 쌍둥이 어머님은 한 번도 그렇게 본인을 위해서 쉬는 날을 보내지 않으셨다. 오히려 쉬는 날이면 그동안 돌보지 못했던 아이들을 위해 시간을 내어 아이들과 함께 놀아주면서 하루를 보냈다.

쌍둥이 어머님은 토요일이 아닌 수요일에 쉬는 직장을 다니고 계신다. 어린이집 입장에서는 달갑지 않은 조건이지만, 이 두 아이를 위해 기꺼이 당직제를 실시하고 있다. 하지만 토요 당직제에 대해 교사들은 누구 한 사람 불평이 없다. 오히려 기회가 있을 때마다 어머님을 칭찬하고 어떻게 도울 수 있을까 궁리하기도 한다. 비가 오는 날이면 혼자 쌍둥이 유모차를 밀고 오는 것이 안타까워 당직교사가 서둘러 마중을 나가기도 한다. 아픈 아이를 어린이집에 맡기실 때면 투약에 대해 상세히 설명해주시고 근무 중에 나오

셔서 병원에 직접 데리고 가신다. 웬만하면 어린이집 교사에게 부탁할 만도 한데 병원만은 손수 가시겠다고 달려오신다. 이런 부모님에게 어린이집 보육교사들은 감동하고 이런 부모님을 서포트하는 일을 보람으로 느끼는 때도 많다.

어린이 교육기관을 이용하는 모든 부모님께서는 자신의 자녀가 진정 사랑받기를 원할 것이다. 쌍둥이 어머님처럼 나의 아이가 정말 사랑스럽다면 말이 아니라 실천으로 보여주면 된다. 분명한 것은 부모가 자녀를 귀찮아하면 다른 사람도 그와 같이 대접한다는 사실을 기억해주길 바란다.

❷ 보육교사의 자세
현장에서는 참으로 다양한 상황이 실재하고 있으며 거기에 능동적으로 대처할 수 있는 능력은 보육교사를 돋보이게 한다.

5세 반 담임교사는 아이들이 기본생활습관을 익히도록 하기 위해 칭찬스티커를 주기로 했다. 매주 한 차례씩 평가하고 시상도 하기로 했다. 그러나 또래 친구들에 비해 인지능력이 떨어지는 승윤이는 다른 친구들이 스티커를 받을 때마다 자신도 받아야 한다고 야단이다. 제일 먼저 스티커를 주는 방법도 시도해보았지만 납득이 되질 않은 모양이다. 선생님으로서는 도무지 수업을 진행할 수 없었다. 몇 번을 되풀이하다 이내 자신도 모르게 날카로워지고 신경질적으로 변해가는 모습을 보면서 무엇인가 대안마련이 필요하다고 생각했다. 이때 동료교사와 의논하여 승윤이를 다른 반 보육교사가 돌보게 하거나 원장선생님이 돌보아주는 것이 좋겠다는 대안을 마련하였다.

자신의 한계를 인정하고 동료와 의논하여 도움을 받는 것은 꼭 필요하다고 생각한다. 평소 아이가 다른 또래 친구들에 비해 인지능력이 떨어져 치료를 병행하고 있다는 사실을 아는 보육교사이지만, 정작 위태로운 상황에 직면했을 때 아동의 상태를 잊어버린 채 날카로워진 자신을 인정하는 것은 결코 부끄러운 일이 아니다.

동료들 간에 지적해주는 것이 익숙하지 않다면 이런 방법은 어떨까? 한 어린이 교육기관에서는 매주 교사회의 시간에 5회 칭찬하고 1회 지적해주는 칭찬 릴레이를 실시해 상대 교사를 격려한다고 한다. 칭찬은 어린아이에게만 효과적인 것이 아니다. 교사들 간에도 이 같은 방법으로 서로의 잘못을 시정해주는 노력을 한다는 이야기는 그 의미가 깊다고 하겠다.

개인정보·프라이버시 보호 사례

컴퓨터 보급과 발달로 인해 세계적으로 개인정보 보호의 필요성이 크게 인식되기 시작했다. 1970년대에 세계 각국에서 개인정보를 포함한 데이터 보호법 등이 제정되었지만, 한편으로는 정보화의 위축으로 경제활동을 저해하는 요소로 작용하지는 않을까 우려하는 목소리도 없지 않다. 그래서 프라이버시 보호와 개인 데이터의 원활한 국제유통을 조화시키기 위해, 1980년 9월 23일 프라이버시 보호와 개인 데이터의 국제유통에 대한 가이드라인을 다룬 OECD 이사회 권고(OECD 8원칙)가 채택되었다.

이와 같은 국제 사회적 동향을 이해해두는 것은 당연하지만, 보육과정에서도 이러한 문제가 대두될 수 있다는 것이다.

영유아가 어린이집에 입소하기 전 상담과정에서 부모의 인적사항과 개인정보를 영유아 교육기관에 전달하는 것은 지극히 당연한 일이다. 그러나 보육과정에서의 트러블은 정말 사소한 곳에서도 발생할 수 있다는 것이다. 보호자의 이혼·재혼, 경제상태 등 가정 사정을 다른 보호자에게 이야기하고, 주소나 전화번호, 이메일 주소 등 연락처를 다른 보호자에게 알려주는 것에서부터 아이의 성격, 병력, 지능 등에 대해 다른 보호자에게 이야기하는 것까지 실로 다양하다. 생각 없이 이루어지는 행위가 있는가 하면 정보공개 차원으로 혹은 아이 보육에 도움이 될 것이라는 판단에서 선의로 한 행위가 예상 밖의 트러블이 되는 경우도 있다. 실제 최근 어린이집 내 의무 설치된 CCTV는 개인정보보호법상 개인정보처리자가 법을 위반하여 정보 주체에게 손해를 입힌 경우 그 손해를 배상하도록 하고 있다(제39조).

개인정보의 수집·이용 관련 법령

개인정보보호법 제15조(개인정보의 수집·이용)

개인정보처리자는 다음 각 호의 어느 하나에 해당하는 경우에는 개인정보를 수집할 수 있으며 그 수집 목적의 범위에서 이용할 수 있다.

1. 정보주체의 동의를 받은 경우
2. 법률에 특별한 규정이 있거나 법령상 의무를 준수하기 위하여 불가피한 경우
3. 공공기관이 법령 등에서 정하는 소관 업무의 수행을 위하여 불

가피한 경우

4. 정보주체와의 계약의 체결 및 이행을 위하여 불가피하게 필요한 경우

5. 정보주체 또는 그 법정대리인이 의사표시를 할 수 없는 상태에 있거나 주소불명 등으로 사전 동의를 받을 수 없는 경우로서 명백히 정보주체 또는 제3자의 급박한 생명, 신체, 재산의 이익을 위하여 필요하다고 인정되는 경우

6. 개인정보처리자의 정당한 이익을 달성하기 위하여 필요한 경우로서 명백하게 정보주체의 권리보다 우선하는 경우. 이 경우 개인정보처리자의 정당한 이익과 상당한 관련이 있고 합리적인 범위를 초과하지 아니하는 경우에 한한다.

영유아가 가해자가 된 사례

영유아를 돌보아야 할 보호자 혹은 대리감독책임자로서의 보육교사에게 있어서 심신이 미숙한 영유아가 다양한 사고에 의해 피해자가 되는 것을 방지해야 한다.

지금까지 영유아 사고는 흔히 영유아가 상해를 입는 것에 주안점

을 두어왔다. 그러나 반대로 영유아가 다양한 사고의 가해자가 되는 것도 상정해보는 것이 필요하다. 그것은 사고의 피해자만을 위한 대처가 아니라, 가해자가 되어버리는 영유아를 위해서이기도 하다.

가해행위라 할지라도 어린이가 상대를 해칠 마음으로 일부러 한 짓이거나 고의적으로 한 행위만을 의미하는 것은 아니다. 대부분의 경우 부주의한 행위에 의해 그 결과로써 가해자가 되어버린 상황이 많다. 예를 들면 차도에 뛰어든 영유아와의 사고를 피하기 위해 급브레이크를 건 자전거가 넘어져 운전자가 상처를 입는 등, 영유아가 피해자가 되는 것을 막은 결과로써 영유아가 가해자가 되어버린 경우도 있다.

영유아가 가해행위에 관여한 경우, 영유아에게 법적책임이 생기는 것인지, 영유아의 가해행위를 방지하지 못한 감독자에게 책임이 생기는 것인지, 감독자란 누구인지가 현장에서 문제가 되는 점이다.

지금까지 서술한 대표적인 영유아 교육기관 사고 유형 이외에도 영유아는 생각지도 못한 사고와 트러블에 노출되어 있다.

한편 영유아가 아닌 보호자와의 사이에서 문제가 생기는 경우도 있다. 보육교직원이 영유아 보호자의 안전에 대해서까지 책임을 져야 하는 것은 아니다. 그러나 보육서비스 제공과 관련해 아이의 보호자에게 생긴 상해와 트러블에 대해 어디까지 관여해야 하는가의 문제가 있을 수 있다. 예를 들면 현장학습에 동행한 학부모가 상해

사고를 입었을 경우다. 물론 경미한 경우는 별 문제가 되지 않을 것이다. 또 다른 한 예로 일본에서 발생한 사건을 들 수 있는데, 보호자 간 따돌림 문제가 모자의 자살을 불러 재판에 이른 극단적인 사례도 있었다.

그 밖에 영유아 교육기관과 이웃 간 트러블의 예로 영유아 교육기관 영유아가 이웃에게 폐를 끼치는 경우도 있는가 하면, 이웃의 대응이 보육에 지장을 주는 경우도 있다. 이 조정을 어디에 요구해야 할지는 참 어려운 문제다. 무엇보다 국가적·사회적으로 적절한 보육환경의 확보가 선행되어야 하며 이웃에게 피해를 주지 않도록 배려하는 마음가짐을 갖는 것도 동시에 이루어져야 할 필요가 있다.

선생님이 꼭 알아야 할

어린이집 안전사고 119

1판 1쇄 2017년 12월 5일

지은이 김옥심
펴낸이 정연금
펴낸곳 멘토르
등록 2004년 12월 30일 제302-2004-00081호
주소 서울시 광진구 능동로 331 2층
전화 02-706-0911
팩스 02-706-0913
E-mail mentorbooks@naver.com
ISBN 978-89-6305-135-2 (13630)

*이 책은 2012년 출간한 〈어린이집 안전사고 예방법&똑똑한 대처법〉의 개정판입니다.